我的青春我的梦
全国中学生校园美文精品集萃丛书

雁迹横空，又淡扫、眉峰聚

蜗牛姑娘不要掉眼泪

《中学生博览》杂志社 选编

时代文艺出版社

图书在版编目（CIP）数据

蜗牛姑娘不要掉眼泪/《中学生博览》杂志社选编． —长春：时代文艺出版社，2018.8（2023.6重印）

（"我的青春我的梦"全国中学生校园美文精品集萃丛书）

ISBN 978-7-5387-5719-4

Ⅰ.①蜗… Ⅱ.①中… Ⅲ.①作文－中学－选集 Ⅳ.①H194.5

中国版本图书馆CIP数据核字（2018）第004372号

出 品 人	陈 琛
产品总监	郭力家
责任编辑	李荣崟
装帧设计	李 斌
排版制作	隋淑凤

本书著作权、版式和装帧设计受国际版权公约和中华人民共和国著作权法保护
本书所有文字、图片和示意图等专有使用权为时代文艺出版社所有
未事先获得时代文艺出版社许可
本书的任何部分不得以图表、电子、影印、缩拍、录音和其他任何手段
进行复制和转载，违者必究

蜗牛姑娘不要掉眼泪

《中学生博览》杂志社 选编

出版发行/时代文艺出版社
地址/长春市福祉大路5788号 龙腾国际大厦A座15层 邮编/130118
总编办/0431-81629751 发行部/0431-81629758
官方微博/weibo.com/tlapress
印刷/北京一鑫印务有限责任公司
开本/700mm×980mm 1/16 字数/153千字 印张/11
版次/2018年8月第1版 印次/2023年6月第5次印刷 定价/34.80元

图书如有印装错误 请寄回印厂调换

编 委 会

编委会主任：刘翠玲　夏野虹　高　亮

编　　　委：宁　波　孟广丽　张春艳

　　　　　　李鹏修　苗嘉琳　姜　晶

　　　　　　王　鑫　李冬娟　王守辉

目 录

每个女孩子都应该有一双好看的手

每个女孩子都应该有一双好看的手 ……… 惟　念 / 002
没有天生的"女汉子"……… zzy 阿狸 / 005
坏女孩儿，王小小 ……… 南　弦 / 007
那些年追过你的男孩儿 ……… 亦青舒 / 016
该自省的不是姑娘 ……… 左　夏 / 021
我是我自己的公主 ……… 钟梅娇 / 023

蜗牛姑娘不要掉眼泪

蜗牛姑娘不要掉眼泪 ……… 洪夜宸 / 032
鱼的自由 ……… 宠物酱 / 036
当我和一只猫对视的时候 ……… 小太爷 / 040
世界上最孤独的鲸鱼 ……… 叶佳琪 / 042
让我泪流满面的飞鸟啊 ……… 浆　菓 / 049
丢失的猫咪 ……… 萧彭玮 / 052
我知道飞鸟曾经飞过 ……… 兔子先森 / 057

001

不要问我哭了没有

不要问我哭了没有 ········ 以　离 / 066

冬春 ········ 骆　阳 / 077

我们曾经共撑一把伞跨越了山和大海 ········ 林夏尔 / 085

自卑患者 ········ 蒋一初 / 090

谁不曾在寝室掉眼泪 ········ 宁永顾 / 096

孤独不该是个贬义词 ········ 水　四 / 100

总有一些喜悦只能自己独享 ········ 左　夏 / 102

喜欢就要去争取

喜欢就要去争取 ········ 向　阳 / 106

梁圣煊：我要成为夜空中

　　最不一样的烟火 ········ 宋怡明 / 109

我相信我们都能够始终温柔 ········ 舟可温 / 114

别让梦想夭折在摇篮里 ········ 筱薇萱 / 118

哪里还有第二个我 ········ 夏南年 / 120

暖心 ········ 钟龙熙 / 124

约等于女神

这世上唯一的莉莉安 ········ zzy 阿狸 / 134

男神路过春花街 ········ 忍　冬 / 143

约等于女神 ········ 檐　萧 / 146

小仙女的春天 ········ 二　笨 / 151

不是每个人都有遇见爱情的好运 .... 左　夏 / 154

我亲爱的小静老师 ....zzy 阿狸 / 157

最好的年纪遇到你 .... 苏　意 / 159

每个女孩子都应该有一双好看的手

　　翌日，早读刚刚开始，周如男发现抽屉里有一个小包，她打开来看，是两支马鞭草味道的护手霜，还有一张纸条，"每个女孩子都应该有一双好看的手"。
　　纸上没有落款，周如男却知道这是谁馈赠的温暖，她碰了碰琳子的手臂，回给她一个大大的笑容。明明什么都没说，又像已经说尽了所有的话，在这个深冬，两个人的友情像是枝头冒出的嫩芽，一点点地长大。

每个女孩子都应该有一双好看的手

惟 念

琳子转学到A中的那天，下起了深冬的第一场大雨，班主任领她走进高一三班的教室，让她在空着的位子里选一个坐下。

她站在讲台上，看着那些毛茸茸的脑袋，注意到台下有一个头发短短的女孩儿，两个人目光交汇的瞬间，那个短发女生很快把头低了下去。

"老师，我想坐在倒数第二排的靠窗位置。"

教室里很快响起琅琅的读书声，作为一所省示范高中，每个学生身上都被裹上了一层又一层压力。

所以当琳子写了一张纸条，小心翼翼地传给短发女生时，对方先是愣了几秒钟，睁大了眼睛看着她，而后才传回。

"你叫什么名字呀？"

"周如男。"

琳子看着这个名字，心里泛起一层好奇，她猜测着名字背后的深意。而周如男时不时地转头看着琳子那双弹钢琴的手，为自己长满冻疮的手指而感到羞赧。

两个人熟悉起来，是因为准备校园文化节的活动，琳子要现场弹奏钢琴，周如男要表演诗朗诵，两个人在一起排练的时间很长，所以坐下来休息的时候，也渐渐聊起了生活中的琐事。

"为什么你叫这么男孩子气的名字呀?"

琳子递过一瓶水给周如男,随口问道。

"父母一直希望他们的第一个孩子是男孩儿,但我让他们失望了,所以他们把落空的期待,填满在我的名字里。"

周如男的声音湿湿的,她低着头,有些沮丧和落寞。

琳子见此,自责不已,她反过手拍着周如男的手背,触到那些累累的冻疮和皲裂的口子,觉得心口像是被一双手紧紧捏着。

"手怎么冻成这样?每天出门不戴手套吗?"

被问到一直逃避的问题,周如男一下子害羞起来,她不停缠绕自己的衣角,怯懦地回答:"我家开了一间小吃店,每天放学回去,都要帮忙洗碗,所以手一直好不了。"

琳子想到自己的生活,完全是被妈妈照顾得妥帖周到,她只负责学习和弹琴,想要什么就直接告诉父母,真是幸福不已。

"如男,那你有怪过自己的父母吗?怪他们为你取的名字、对你的态度和为你提供的生活环境?"

琳子话音落地,看到周如男坚定地摇摇头,她像是一头温柔的小鹿,眼神里都是能融化坚冰的阳光。

"已经很感谢了,"周如男顿了顿,"他们把我带到这个世界,送我读书,让我吃饱穿暖,这些不是已经很幸运了吗?"

一瞬间,琳子的整颗心深受震撼,她从没想过,一个同龄的女孩儿,能这样说起自己的家庭和感悟。

见琳子半晌没开口,周如男主动打开话匣子,她说:"你第一天来到教室,站在讲台上做自我介绍,说起弹了很多年的钢琴,还有你写字时,那双白皙整洁的手,第一次让我有了想成为某个人的感觉。"

大概是因为自身缺乏,所以才会羡慕别人,周如男渴望得到的不仅是表面的那些美好,还有内心深处坚信自己被爱的勇气。

两个人很久没说话,天色一点点暗下来,风从窗户灌进来,把窗帘吹得猎猎作响。

不知道如何安慰，于是不再安慰，琳子伸手揽过周如男的肩，一下一下地轻拍着。

翌日，早读刚刚开始，周如男发现抽屉里有一个小包，她打开来看，是两支马鞭草味道的护手霜，还有一张纸条，"每个女孩子都应该有一双好看的手"。

纸上没有落款，周如男却知道这是谁馈赠的温暖，她碰了碰琳子的手臂，回给她一个大大的笑容。明明什么都没说，又像已经说尽了所有的话，在这个深冬，两个人的友情像是枝头冒出的嫩芽，一点点地长大。

没有天生的"女汉子"

zzy 阿狸

每个班级里都有撒娇卖萌的萝莉，也少不了一两个拔山盖世的"女汉子"。输在起跑线上的"女汉子"要想成为男生的焦点，就得拿出点儿成绩来。

有一个姑娘，她有一些任性，她还有一些嚣张。在一个风和日丽的中午，当放学铃声准时响起后，她瞬间从座位上弹起，奋力奔向饭堂。某日老师拖堂，"敌军"还有五秒钟到达战场，她剑走偏锋翻越绿化带，不小心一脚踹飞了正在晒太阳的草花蛇。

据"吃瓜群众"事后回忆，那一脚把草花蛇踹得很好看，它一动不动地躺在校道上的样子就像一个折翼的天使。

同学们亲切地唤该妹子作蓉蓉，并给予了她高度评价，此后的三年她便成了校运会女子跨栏健将。

蓉蓉跑得再快，也追不上回家的那一辆小客车。她家离学校好几十公里，每个周五当校门口被家长围得水泄不通时，她都淡定地在做作业。囊中羞涩的她心疼着十多块的车费，便提前过上了高中生的生活——一个月只回家一次。

那时候我很爱往楼道下的电话机那里跑，好几次还碰上了蓉蓉。一来二去，便与她熟络起来。她爱和我聊家常，她很疼她的弟弟，从他呱呱落地那天起她便时刻像老鹰一样警惕着，生怕别人伤害他。无奈他的成绩不理想，爸爸拍着胸脯说他要是考上了市重点便买一辆小汽车接送他俩周末上下学。楼道外有一片分割的夜空，她望着星空喃喃道："那样的话，我就能像其他同学一样，周五放学后走出课室奔向爸爸的怀里，而不是坐在教室里刷题了。"

她的眼睛一闪一闪的，那天晚上所有的星星都落在了她的眼眸里。

可是直到我们毕业，我也没等到她坐着小汽车离开的那天。前些日子与几个"仙女"聊起了蓉蓉，聊兴正浓时，其中一位"仙女"还贴了几张蓉蓉的近照。那时候我才知道，她高中念的是文科，而我一直以为她会报考体育特长生，毕竟以她魁梧的身材和矫健的身姿绝对能所向披靡。照片里的她把头发蓄长了，少女心跃然而出。她捧着一束花面对镜头露出了甜美的笑容……

我想她应该过上了更好的生活吧，收起了彼时的锋芒，不再需要穿着盔甲去保护自己和自己的家人。

其实没有天生的萝莉与"女汉子"，谁不是小公主？要是生活称心如意，谁又乐意去当"女汉子"呢？

现在的她活得越来越像一个真正的少女，时光亏欠她的用了另一种方式去馈赠她。

那辆永远不会到来的小汽车，变成了一朵花，别在她春天的梦里。

坏女孩儿，王小小

南 弦

1

我叫王小小，是个坏学生，很坏很坏的那种。用我班老师的话说就是：王小小，你简直就不是个女生。的确，我没有一个正常女生该有的样子，我打架、旷课、和老师对着干……甚至砸过校长室。

在这所还算不错的中学里，只要有一点儿上进念头的人都不会和我王小小在一起——在他们眼里我是避之不及的洪水猛兽，仿佛只要和我沾上一点儿关系，都会恶心得要吐。

说到这儿，可能很多人就会想，那你完了，都混成这样了还有啥意思了？但是不要忘了，毕竟还有和我一样的人，所以我一点儿也不孤单。我有一帮哥们儿——可以这么说，我们都是同类，是"差生家族"。

每次考完试，我都和一帮差生站在办公室里，当中只有我一个女生，所以显得特别突兀。班主任总会指着我说："王小小，你简直是垃圾中的战斗机！"

对，他们都是这么认为的。起初我还觉得什么屈辱啊，愤怒啊，不甘啊，但现在我听得都已经麻木了，他们爱怎么说就怎么说吧，反正我也掉不了一块儿肉。老师继续用恶狠狠的眼神看着我，仿佛要把我剜出一个窟窿来："王小小，今天把你家长找来。"找家长？我轻蔑地瞅着她："如果你觉得他们会来的话，随意。"

无论是家长会还是开学，他们都不曾来过，电话那头永远是忙音，你觉得他们能有多重视我？

回到家，我随手把试卷扔到客厅的茶几上，看样子他们今天是不会回来了。我转身回到房间，戴上耳机听《孤独患者》。"我不曾摊开伤口任宰割，愈合就无人晓得，我内心挫折，活得像个孤独患者，自我拉扯，外向的孤独患者，有何不可……"多么贴切的形容。

过了一会儿，我听到客厅里有轻微的说话声，我不予理会。可是说话声逐渐变大，最后变成了争吵，还夹杂着瓷器打破的尖锐声。

我烦躁地拽下了耳机，开门走了出去，门被我关得发出一声沉闷巨响，仿佛在痛苦地呻吟。这气势成功使正在争吵的两个人转头看向我。

我不耐烦地开口："能不能别一回来就吵？烦不烦人！"说完我就往回走。

妈妈很生气地指着茶几上的那张试卷，单薄的红色数字在空中瑟瑟发抖："我们在外辛辛苦苦地挣钱供你上学，你就这么说话这么回报我们吗？"

闻言，我停下脚步，转头看了她一眼，一些意味不明的情感夹杂在里面："那也是被你们惯坏的。我怎么样都无所谓，不是吗？"说完我就走出了家门。门被我摔出"咣当"一声巨响，却也掩不住里面砸东西的噼里啪啦声。

每次都是这样，他们一直都在忙，忙着挣钱，忙着做生意，好不容易回一次家，不是因为钱的问题吵架，就是看我不顺眼而骂我。我在学校表现是好是坏他们从来都不会过问，只有做事不顺的时候才会搬出来做文章，拿我撒气。不吵的时候呢就把我当空气——我从小到大所有的家长会都是我一个人参加，就连学校举行活动要求带家长时，都是我一个人坐在冰冷礼堂的最后一排，看着旁边同学的家长对他们嘘寒问暖，我的心也逐渐变冷。

或许我是个多余的累赘，妨碍了他们跟钱过日子。

2

一边走，一边想，我来到了附近的街心广场。

广场上人声鼎沸，夕阳的余晖洒落在广场上，星星点点，带着几分萧瑟和凄凉。

我一屁股坐在了广场旁边的靠椅上，旁边是篮球场，只有少数的几个人在挥汗如雨。看着周边的人都那么开心、那么幸福，我有种想哭的冲动，眼泪慢慢蓄满了我的眼眶，泪水将要悄然淌下。

就在这时，一只篮球砸到了我的胳膊。"嘶——"我倒吸一口凉气，很痛，低头一看已经擦破了皮，伤口处慢慢渗出鲜血。

谁这么该死？我皱着眉头正想爆粗，一抬头看见一个俊逸的身影出现在我面前。

他貌似过来得很匆忙，光洁额头上还有细小的汗珠，对我歉意地笑了笑。我突然就把要脱口而出的愤怒收了回去，或许是这个男生太帅，我不想失了形象。

他递给我一个创可贴："真的很抱歉。疼的话就不要忍着了，一个人故作坚强可是很令人心疼的呢。"

我有些惊讶，不是因为他的道歉而是他说我令人心疼，我从未想过像我这样的女生也会有人关心，一股暖流缓缓涌上心间。再抬头，那道身影却已不见。

我们之间本该就这样没有交集渐行渐远，但我不想就这样擦肩而过，我要把他找出来，我要追他！

第二天，我找到我的那帮哥们儿，让他们帮我找这个人。等我回到教室的时候，一个面容腼腆的女生叫住了我。她的脸很圆，有一点点胖，看起来有点儿像包子，不像我是瘦小的瓜子脸。我认得她，我们班的学委，品学兼优，和我不是一个世界的人。

"什么事儿？"我冷冷地问。

她有点儿傻气地冲我笑了笑："老师说要你中午搬寝，搬到306去。"

"哦，那走吧。"我无所谓地往外走。大概是老师又看我不顺眼了，嫌我待在那个寝室污染空气。

"哎，可是马上要上课了，你中午再……"她在后面喊道。

"啰唆什么，你去不去？"我不耐烦地吼道。

"哦……"

结果就是我在前面走，她在后面气喘吁吁地追。

到了寝室，她把我的新床位指给我看。

"哦。"我起身回原来的寝室搬东西。

"我来帮你。"她拿起我的被子。

"不用，别耽误了你们好学生上课。"我拉着皮箱向306室走去。

"没事儿，少上一节课不打紧的，我来帮你。"她柔和地笑笑，肉嘟嘟的小脸儿竟显得有些可爱。

"随你。"我依旧面不改色，但是心里有了一丝柔软。

"好了。"她微微松口气，抬手擦擦脸上的汗。

"原来你行李那么多呀……还全是衣服。"她小声嘟囔着。

"懒得拿回去。"我言简意赅。

"我也住306室哦，以后我们就是室友了，要多多关照哦！"她依旧傻里傻气地笑着。

"嗯。"我轻轻地哼了一声，算是答应。突然想起什么，我从皮夹里抽出二百块钱，递给她："拿去，找个老师把课补上。"

她像是有些愣住了，把钱还给我，小脸蛋儿涨得通红，不停地摇头："我不是为了钱才帮你的……课我可以找老师补上。"

"拿着，补课或者买你喜欢的东西都行，我不喜欢欠别人的。"

我把钱丢给她。

她有些生气："王小小，你……别看不起人。我……人穷……志不穷！"她的脸涨得更红了，一副气急败坏的样子，脸上的汗珠随着她的颤抖而滚落，显得有几分滑稽。

"呵。"我冷笑着离开，留给她一个高傲如天鹅般的背影。

没人知道，我其实只是想帮她。

3

坏学生的门道儿还是很多的，很快我就打听到了他的消息：他叫王杳，与我同校，但比我高一届，学习竟也不怎么好，但他有女朋友了。嘿，竟然和我是同类，我听到消息时兴奋地吹了声口哨。我很快就弄到了他那帮哥们儿的信息。

于是，我找准机会与他们结交。我很大方，每次出去玩儿都是我买单，与他们称兄道弟的。很快我们就熟络了起来，我也顺理成章地认识了王杳。

他们都知道我喜欢王杳，要追他。我从不藏着掖着，王杳也知道。

王杳的哥们儿总是不遗余力地起哄，让王杳从了我。每次我都笑得很甜，而王杳却总是皱着眉，低声呵斥他们："别闹！"效果往往适得其反，他们闹得更欢了。

王杳的女朋友不乐意了。那是一个非常漂亮的女生，烫着栗色的大波浪，穿着超短裙，那双美腿真是漂亮得让人移不开眼睛。她找到我，很嚣张地拽着我的衣领，恶狠狠地说："你最好离王杳远点儿！"

我冲她得意地笑笑："我就乐意黏着他，你奈我何？"

她愤怒地想打我，但举起手时看我从容地看着她，她像是想到了什么，又悻悻地放下了手。

还没蠢到家嘛，我略有遗憾地看着她远去的背影。

据说回去后，他们大吵一架。

几天后，我得到消息，他们分手了。

王杳找到我，在黄昏的操场上，他好看的脸上有一丝丝的疲惫。

"王小小，我们在一起吧。"

4

于是我们就在一起了。但每次不管是他约我还是我约他，都是我去网吧找的他——在那个烟雾缭绕、骂声冲天的环境里，意境全无。他看到我来了，总是很亲密地叫我的名字，但却是让我帮他付钱。他一玩儿就是一天，我就在旁边百无聊赖地坐着，有时候催促他，他就哄我说一会儿就好了，可是我一觉醒来他还在玩儿。

现实和想象落差很大，但我仍然坚信他是那个会善良地给予别人温暖的男生，我相信他和那些人不一样。

一天中午，王杳托人告诉我，放学后操场见。

傍晚的太阳总是很美的，夕阳照在他的身上给人一种朦胧梦幻的错觉。

他就站在那里，看着我说："王小小，我们分手吧。你是一个好女孩儿，适合更好的人，我配不上你。"

那一刻，我看到他时嘴角扬起的笑都化作了苦涩。好女孩儿？谁能说我是个好女孩儿？我心里觉得讽刺。面对着他我没有问为什么，被甩了还巴巴地贴上去，岂不自找没趣？

他走了，没有丝毫停留。我蹲在杨树下，泪水模糊了视线，却模糊不了我受伤的心。

5

在刚分开的那段时间里,我会习惯性地想起他,失恋就像剪掉一截头发,当你习惯性地摸到发梢却抓到了空气。

有一天傍晚,我又一次走到了那个广场,同样坐在椅子上,同样的失落,但是没有同样的关怀,而是一场倾盆大雨。

我看到人们都慌慌张张地往家赶,突然就笑了,一股凄凉的滋味涌上心头,还有人为我送伞吗?

没有,再也没有。

我站在雨里,大雨浇透了我的衣服,头发无力地贴在我的脸颊上。在雨中没人看得到我的眼泪,但是我知道,原来眼泪也有温度,灼伤了皮肤痛湿了心。

没想到在我最失落的时候一直陪着我的人,竟会是那个曾经被我拿钱"羞辱"过的胖妞儿。

我坐在寝室的窗台上,冷风如刀,刀刀割人血肉。我只要一想起王杳,眼泪就不住地落下。

胖妞儿在一旁不知所措,嘴里不住地安慰我:"别哭啦,别哭啦,初恋无限好,只是挂得早。"

"哎哎,你真别哭了,不就是个渣男嘛,姐拿菜刀去!"

"我求求你了,大姐,别哭了。"她不住地晃着我的胳膊。

"谁是大姐?"我飞过去一记刀眼。

"我是,我是。"她一脸狗腿样。

我忍不住"扑哧"一笑。她也乐了,明媚的笑容照亮了整个屋子。

6

其实"不作不死"真的是至理名言啊。

在失恋的那段时间里，我一直用狂吃零食的方式来填补我内心的空白，结果患上了过敏性紫癜，胳膊和大腿上都是大小不均的血红色小点，密密麻麻的，吓人极了。

妈妈放下了她那重要无比的工作带我看病。我看到她心疼的目光，第一次有了些许感动。

我住了很多天的院，爸妈一直陪着我，妈妈更是寸步不离地守着我。

打了很多激素后，我终于好了起来。但被这些激素刺激过后的我，不再是那个叉着小蛮腰、大闹办公室的苗条女生了。

于是我休学了，与所有人都断了联系，一心在家减肥。

我每天只吃一个大苹果，就连水都不敢多喝。什么瑜伽啊，跑步啊，跳绳啊，各种运动我都做。一运动就是一天。记忆最深的便是，第一次用瑜伽球，我刚趴上去，球就扁了。我真的不知道怎么形容当时的心情了，是难过到极点却哭不出来的那种感觉。

由于没事儿做，我只好在家看书。一开始是那种市井文学，各种言情，逗得我是哈哈大笑，暂时忘却了烦恼。后来，我又开始看名著。

我在家待了四个月，妈妈一直陪着我。我第一次感受到这么浓厚的母爱，她从不会因为我胖而刺激我，相反，在我发脾气的时候，她会温柔地揽住我的肩膀对我说："我们家的宝贝儿是最漂亮的。"

那时候我真的觉得我要哭了——不是悲伤而是感动的哭。如果我早知道得一次过敏性紫癜可以收获这么多，我宁愿再胖二十斤来早早换得这个秘密。所以当我瘦到九十斤重返学校时，我们的关系已经没那么僵了。

我返校那天，胖妞儿江心屿早早就在校门口等着我。

我冲过去给她一个大大的拥抱,她高兴地回抱我。"病好了?"

"嗯。姐还是那么美艳无敌!"我笑着答道。

"你害得我担心死了!"她用力劈向我的后背。

"啊,痛!我才刚好,你要不要这么无情?"我一脸悲痛地看着她。

"唉,你之前是变胖了又不是腰坏了。"

"小样儿,看招!"

"啊,女侠饶命!"

7

我决心与过去告别,剪短了头发,与那些哥们儿断了来往,开始在江心屿大学霸(其实是伪学霸)的带领下好好学习,天天向上。

虽然基础太薄弱,落下的课太多,但我还是在家教、学霸双管齐下的情况下成绩在一天天进步。

或许我可以正式跟我的过去作个告别了。

你好,我是王小小,爱玩儿爱闹爱学习,你想跟我做朋友吗?

那些年追过你的男孩儿

亦青舒

大学里的第一个落在寒假里的情人节,我一个人在家过。

西方的节日辗转来到中国之后统统变成购物节,电商首页是设计精美的钻戒,街上商场里有包装精美的礼盒,大街小巷里出没着各种各样的小女孩儿,怀揣着鲜红的玫瑰四处兜售,逮到情侣就不松手。因此我拒绝出门。与此同时,各类社交网络上全是秀恩爱的高清原图,朋友圈里脱单的总是比没脱单的更多。为了避免遭到暴击和伤害,我也拒绝上网。

拒绝出门和网络的我,安安静静地开始整理卧室的书柜。一不小心翻出旧日书信和几本厚厚的日记,吹开灰尘,翻阅起来好似找到了哆啦A梦的时光机。

可惜你是射手座

从日记和书信的文字记载来看,W是追我最久的男孩儿。理科男,初三的化学课代表,腹黑骄傲,也极其自负,热爱科普,异常执着。

彼时我热爱占卜,信奉星座,射手座在我心里是一个大写的脱线与奇葩。而W就是这个星座的最好代表:明明前一秒钟还在认真地解一道物理题,分析加速度和摩擦力,后一秒钟就可以欢呼雀跃地扔下笔,大声唱《大头儿子小头爸爸》的主题曲。留下我一脸蒙地望着他，轻轻地叹一口气。

W同学挑的表白日子是一个普通人想不出来的日期。

嗯，三月八日的妇女节。

我拿着表白信从头看到尾，从紧张羞涩看到面无表情，再抬头的时候整张脸就像冰河世纪的活化石。W同学就坐在我前桌，一脸笑容地看着我，那副神情翻译过来就是"没关系的，我知道你喜欢我很久了，我知道的"。

知道你个大头鬼！白眼翻到天灵盖的我恨不得手撕W，但是考虑到化学作业还没有交，所以课代表必须留一留。我撕下一张便利贴大笔一挥："承蒙抬爱，小女子不胜惶恐，今乃佳日，不忍拂兴，等我把化学作业写完再来揍你。"

表白遭拒并没有给W同学留下什么阴影，我看着他照样活蹦乱跳地在我面前耍宝，在年级里叱咤风云地拿前十，午后课间鬼鬼祟祟地想要偷看我的日记本。我们的相处模式更像是彼此了解的朋友。而当我考砸的时候，他是那个一边嘲笑我数学低能一边送我巧克力糖果的男生。

"别哭啦，科学研究表明，糖果会让人心情变好哦。你要不要听我科普里面的化学原理？"

我哭着抢过他手里的巧克力："……我才不要！"

我一直觉得他的喜欢肤浅张扬，喜欢一个人恨不得要全世界都知晓，享受过程多于在意结果。骄傲自负的W，其实有善良和包容的一面，而这样温柔的善意，反过来也保护住他自己。

文理分科之后我们很少见面，直到快要毕业的时候他忽然绕过文理科楼之间的绿化带，跑上五楼来找我写毕业纪念册。

我想了想大笔一挥道："能被你喜欢的那些年回想起来真开心啊，可惜你是射手座。"

他回复我：这么多年啊，你还是不相信科学。

不然，抱一下吧

Q是我高一时的前桌，性格内敛沉默，话语少得让人觉得自己前面坐着一座冰山。偏偏我是一个话痨，浑身都透着表达欲。刚开始我以为Q很讨厌我，因为每次我拜托他同桌那个女孩子给我讲化学题的时候，他都会往旁边轻轻地挪一挪椅子。也许是因为我太聒噪，也许是因为我不懂的化学题太多太浅显，总之我变得很小心翼翼，每次都挑他下课出去的时候才敢去问题。

直到有一天Q的同桌因为感冒请了一个礼拜假，我的化学题册上堆满了我怎么配也配不平的化学方程式，急得我晚自习抓耳挠腮就差切腹自尽了。就在这个时候，一个声音从我头顶上飘下来："这里，你把元素的离子数记错了。"

沉默内敛的人，大概都有一颗剔透珍贵的心。Q慢慢和我变成朋友，他身上有超脱于同龄男生的成熟和明智，处理事情的时候总是格外冷静理智。我因为太过迷糊，被他照顾的地方总是很多。熟识之后Q告诉我，他一点儿也不觉得我话痨，我每天和他同桌的各种碎碎念在他听来都很有趣。我仰天长笑，从此收起自己的玻璃心。

一个非常偶然的机会，Q告诉我，他父母在他还是个小孩子的时候就离婚了，所以他很长一段时间都不相信爱情和婚姻，觉得那些都是大人用来骗人的把戏。

我不知道怎么接话，只能安安静静地听下去。

他忽然停下来，很小声地说："直到我认识你之后，我才觉得不是这样的。顾影，我——"

我一愣，迅速地抬起头对他大大方方地微笑了一下，截断了那一句没说完的话："可是我们现在也没办法给对方一个真正的承诺啊，对吧？"

"可是我会尽力做到我承诺的事情。"他倔强的样子隐没在夜色里，只被忽闪的星光照亮。我骑着单车，开始加速，宁愿听见风声灌满我的耳朵，也不想听见一个太过年轻的誓言。我知道今晚星光很美，我知道年少的心意弥足珍贵，但是我更清楚自己内心里真实的想法。

那天之后我和Q渐行渐远，他看见我的时候总是远远就躲闪开。我怀抱着我的愧疚无从弥补，看着他申请调换座位，坐到教室的后三排，一有空就逃课跑去打篮球。

离开一班去学文科的时候，平日里一言不发的Q忽然站起身帮我搬桌子，班里一片嘘声，我满脸通红，但是没有拒绝。那个夏天我们做出了人生中的第一个重要的选择，却并不知道以后的路途里还有多少未知的可能性。在那个十七岁的关口，大家听着窗外满树的蝉鸣，送走学文科的少数同学，心里都有些困惑和伤感。我想Q大概明白了我所说的那个"真正的承诺"，所以才会以这样的方式和我道别。

站在文科班的门口，我们相视一眼，都有些局促和尴尬。Q打破了僵局，对我轻轻一笑："不然，抱一下吧？"

我也笑了，点了点头："好。"

那个夏日的拥抱很轻很短，像一个故事讲到最后，抬手画上的一个句号。

告白即告别

信笺整理到最后，只剩一张小小的蒙尘纸条。我好奇地摊开来，看见上面潦草地记着一串十一位的号码。我困惑地努力辨认，却还是想不起来它们出自谁手。

门铃忽然响起来，原来是购完物的闺密拎着大包小包冲进来看我。

"这个！"闺密甩手扔掉购物袋，跳上来抓住我的手腕，"你总算找到啦！"

"什么？"我疑惑地看着她。

"当年L转校的时候留下来的电话号码啊，你还因为他大哭了一场呢！你真的没有给他打过吗？"闺密的声音清亮得像把刀子，割开回忆钝重的表皮，探向尘封的内里。

曾有那么一个男孩儿日日陪伴我，却在某一年远赴他乡。我只记得临走时我们因为误会吵了一架，他走的那天我感冒在家，连欢送会也没参加。

回到学校之后，我看着空落落的后桌哭了很久。这张纸条，是他托人放在我桌子里的吗？

可是我们再也没有联系过。

而这张迟到多年的小纸条，就像是被遗忘在时光长河里的一颗小小石子。倘若我还是那个哭得梨花带雨的小女生，可能此刻我会迫不及待地拿起电话拨通它。可是时隔多年之后的这个我，只会微笑着把它夹进随手拿起的诗集里，转头问闺密："唉，当季的裙子好看吗？"

纸条藏在泰戈尔的诗集里变成飞鸟，你藏在我的回忆里凝成琥珀。

原来很多很多年后，那些追过我们的男孩儿，就像那些年夏日里转瞬即息的大雨，无论当初如何滂沱瓢泼，再被想起的时候，都只剩下云淡风轻的一抹微笑，浅浅地挂在唇边。

可是啊，你我都知道——那些年少的心意，曾经在某个瞬间倏忽而绽，都化作时光里最柔软的玫瑰。

该自省的不是姑娘

左 夏

某天刷微博的时候看到这样一段话——"看完'热搜'心好累，当女人好辛苦，坐车有危险，住酒店有危险，走夜路有危险，穿着暴露也有危险。即使遇见危险也可能根本无法自救，受了伤害也可能因为黑暗势力太强硬而必须忍气吞声……不说了，我下辈子一定要做个男人，必要的时候还可以站出来彰显正义，保护美女、老人和小孩儿，而不是一个随时可能遭受非法侵害的弱势群体。"

一语中的感觉，让人窒息。

从几年前的女大学生搭黑车失联到去年的女教师独自夜跑遭强奸，从柳岩被闹伴娘反道歉到前些天的和颐酒店女生遇袭……每次一有什么关于女生遭遇非法侵害的事件被曝，隔天立马会有各种类似《女生独自走夜路应注意什么》《女生遇到闹伴娘应该怎么办》《女生必学防身术》的自救文章开始在网上疯传，声势浩大如同当年抢盐一样，每一个沉重的案例都能往势单力薄的女性心上狠狠戳一刀，弄得安全感本就稀薄的女生们一时间人人自危。

但是这一切，都是女生应该承担的吗？

女大学生外出失联就指责女生容易轻信别人，防范心理不强；女教师夜跑遇害就强调女生不应该深夜独自外出，更不应该衣着暴露；柳岩被闹伴娘就说她平时以性感形象示人，被轻贱对待是咎由自取；和颐酒店女生遇袭就传授女生们防狼十八式，搞得好像大家都得从温柔的"软妹子"蜕变成勇猛的"女汉子"才能自保……

这些论调，全都荒唐至极。

从性别的角度而言，女性的力量本身就比男性要弱，个子也比男性娇小，让一个柔弱的女性正面对抗来自男性的侵害，这本身就是一件可行性并不高的事情。况且事件发生的主要责任并不在女性本身，而是在实施侵害的男性身上。这本该是一个不言自明的事实，却有很多人分不清。甚至把所有罪过都归责在女生身上，要女生反省自己的过错。

是的，我们单纯善良，对这个世界充满美好的期待；没错，我们手不能提肩不能挑，更不会散打跆拳道；对对对，我们爱美爱秀，偶尔也会穿一下低胸装和超短裙展示自己凹凸有致的身材。追求美丽是我们自由选择的权利，凭什么要我们改变？凭什么要我们放弃？罪恶的是那些居心叵测的不法分子，而不是对世界满怀善意的我们。作为受害人的姑娘，根本没有做错，为什么必须反省？

然而一些无良媒体却扭曲了这一根本事实。所以被强奸的女孩子一直被人指指点点，声名狼藉嫁不出去；被戏弄的女生不能生气不能反抗。

要知道，我们学会自我保护是一方面，但更重要的还是希望这个世界给我们提供该有的安全感。

请从现在开始，别让姑娘反省，别怪姑娘单纯，也别骂姑娘衣着暴露，先集体唾弃心怀叵意、肆意侵害姑娘的不法之徒吧！请记住，最应该被舆论谴责批判的对象，从来都是他们，而不是姑娘。

我是我自己的公主

钟梅娇

1

结识到苑北北这样的朋友，真是件不幸的事。

我这么说并不代表苑北北是个多么十恶不赦的人。事实上恰恰相反，她很好，好得令我走在她身边总难免黯然失色。你知道，女孩子的嫉妒心就是在这些无聊的比较中疯长起来的。

我们都知道，苑北北有清丽的面容，有拔尖的成绩，还有优越的家境。各方面的优秀，让她成为学校里最夺目的公主。当然了，我并没有亲眼见过她家的豪宅，关于她家境优越这个猜想，完全是靠我自己观察出来的。

我和苑北北是小学六年的同班同学。那时候她还是班长，每天早晨抱着一本语文书到讲台上，带领我们朗读诗歌和散文。记忆中，无论是走路还是在座位上坐着，她的腰板总是挺得笔直。那时候我和苑北北只是见了面会露出礼貌性微笑的普通同学，但她看起来要比同年纪的其他女孩子出众，班里有很多人都暗暗关注她的一举一动，我也不例外。

我格外留意苑北北的发型，虽然她的头发永远只是简单地束成马尾辫高高地扎起来，但是她的耳后总会别一只漂亮的发夹。共有三只发夹，有小星星、蝴蝶和水晶的，每天换着戴。偶尔走在阳光底下，总会熠熠生辉，惹人垂涎。总觉得，她那简单的马尾配上美丽发夹加上挺直了的腰板，是我不曾拥有过的某些可贵的东西。

今年秋天我们又同班了。在初一（4）班这个新班级里，我作为她唯一的老同学，很快与她熟悉起来，并且顺理成章地成为好朋友。

新学期迎来第一件大事，竞选班干部，我跃跃欲试，很想争取英语课代表的位置，也只有这个职位适合我了。我不敢觊觎班长之位，因为我知道，可以不费吹灰之力当上班长的人，只能是苑北北。开学不到一星期，班里已经有不少同学与她交好了。

我想：有些人，生来就是来"拉仇恨"的啊。

我这么想的时候，苑北北只是安静地坐在我旁边，专注地看一本几米的漫画。这样的书，我要省下好几顿早餐的钱才能买到。

我托着下巴凝视她那粉嫩的侧脸说："北北，你的发夹真漂亮。"她今天又换了一个新的梅花状发夹，淡粉色，小巧而美丽。

"呵呵，谢谢。"她抿着嘴唇，甜甜地笑。

"你看起来真像是一个小公主呢。"

"其实我是灰姑娘啦，哈哈。"她俏皮地眨了眨眼，我一看便知道她是开玩笑的。

我又问："那你这发夹是怎么来的？"

她回答道："是我妈妈买的，我妈妈很疼我。"

听完这话，我不禁自哀自怜起来，为什么父母都是别人家的好呢？相比起苑北北妈妈的体贴，我妈妈就很不同，她每天除了骂我没有按时回家写作业，或者拿我那可怜的数学成绩来说事儿，就不会想到别的了，哪来的心思给我买什么小玩意儿。

2

原本自以为英语课代表的位置是没有人抢得过我的，凭着我往年次次年级前三的英语成绩，应该没什么难度吧。但事实证明，我的想法太狂妄了。

在上讲台去竞选班干部之前，我想事先向苑北北拉票，想对她说："现在我要上去喽，你可要投我一票哦。"

谁知苑北北抢先一步告诉我："圆子，我今年不想当班长了，我要竞选英语课代表。你为我加油吧！"说完她就昂首挺胸地走上讲台去了，留下我坐在原位目瞪口呆。

苑北北，总是这般自信的。

当然了，我想要竞选的决定并没有因此发生改变。在她讲完之后，我接着走上去了。本来我深信自己能成功的，可是苑北北的一个心血来潮，令我在这场竞选中没有任何优势可言，她获得了比我多出一半的票数，我的落选突然变得毫无悬念。

在这件事情上，我并不怪她。只是有些不甘心地想：假如我跟苑北北一样是耀眼的公主，或许，我就不会总是得不到自己想要的东西了吧。

班主任将新任班干部的名单依次公布了一遍，我竖着耳朵从头听到尾，即便里面并没有我的名字。接着她又宣告另一个通知："同学们，本周六我们班有一个家长会要召开，主要是讨论此次班级秋游的相关事宜，大家回去记得告诉你们的父母。"

苑北北手执圆珠笔轻轻地敲击着课桌，闻言，低声嘟囔道："唉，真麻烦。"

我还从未见过她不耐烦的样子，一听便也积极地回应："是啊，我妈妈大概又要发牢骚了。"我皱紧眉头，心里生出些烦忧的情绪来，要从我妈妈手头里拿钱，简直比登天还难。

所幸，周六那天我爸爸难得不用加班，妈妈又刚从她的牌友那儿赢了点儿钱，两个人都心情愉悦，很痛快便答应来参加学校的家长会。对于我来说，这已算是一件能长脸的好事了。

我把我父母领到教室里相应的座位上去，然后开始左顾右盼，等着苑北北的到来。我很想见一见她的父母，看看他们是否衣着奢华体面，是否都比我父母年轻。我想这是肯定的吧，人在闲适的生活条件下总会老得慢一些。

等了许久才见到苑北北，她和她妈妈是在家长会临近开始的时候才赶到的。我定睛一看，那真是个美丽的女人啊，虽然她的衣着朴素无华，而且眼角有了淡淡的鱼尾纹，但她浑身上下散发出来的温婉气质却极其抢眼。

家长会结束后，我悄悄地问苑北北："你爸爸呢，为什么没来？"

她淡淡地笑："他呀，他现在在丹麦呢，没办法赶回来了。"

"这么忙呀？"

"是啊，我爸爸是一位画家，他一年四季都在天上飞，得去世界各地旅行，寻找创作灵感，然后画下沿途的风景和有趣的人物。"

"哇，北北，你爸爸太了不起了。"我一边说着，一边暗暗为自己父母的平庸而感到害羞。

3

班级秋游这一天，苑北北换上了一双崭新的棕色小圆头皮鞋，这种质量上乘的真皮，我只在我姑姑的婚礼上见过一次。那对我来说，真是个奢侈的东西！

一路上，班里三三两两的女生团团围住她，叽叽喳喳地谈论她的小皮鞋。我跟在苑北北身旁，只听得她说："这是我爸爸从巴黎寄回来的，他去了任何地方，都会给我寄礼物的。"

不知怎么地，我突然从她的话语之间听到了炫耀的意思，便顿觉刺耳。想不到她跟所有骄傲自大的公主没什么两样，这时再联想到她之前抢了我的英语课代表之位，内心就越发对她产生了排斥之感。

她老在人前炫耀她的家境，炫耀她的父母，我很好奇，她爸爸到底是什么样子的。假如他没有我爸爸年轻，没有我爸爸强健，我大概心里会平衡一点儿吧。

就是为了这个无聊的念头，我特别想见到苑北北的爸爸。可是她从不带同学去她家里，我总不能主动上门去做客。我就是在这种"困境"中萌生出跟踪苑北北的念头的。老实说，我很有干鬼祟勾当的天赋，只两三天，我就把她家的地址摸索得一清二楚。

然后在某一天假装在她家门口跟她偶遇，我脸上的惊喜是装出来的，她眼里的愕然却是真真切切的。她家的房子是浓绿瓷砖搭建起来的欧式别墅，我用贪婪的目光肆无忌惮地打量这栋华丽的建筑。苑北北迟疑了一下，果真邀请我进去了。

我边走边问她："你爸爸今天在家吗？"

"啊，当然啦。你看，那就是我爸爸，我跟他提起过你的。"她指着池塘边那个正在画素描的男人说。

苑北北将我介绍给她爸爸："这就是我的好朋友圆子。"

我走过去，乖巧地向他打招呼："苑叔叔好。"

他温和地微笑："圆子你好，谢谢你平日里对我们家北北的关照啦。"

我简直不敢相信，他是如此年轻，而且也比我爸爸要健壮得多。这么一比较，我又输给苑北北了，败得一塌糊涂。

我说："北北，什么时候我也能当上公主呢？哪怕只有一天也足够了。"

"傻瓜圆子，世界上所有的女孩儿本来就都是公主啊，不是吗？"她的眼睛里闪烁着柔和的光。

我低头不语。苑北北，你说得好不轻巧啊，世界上哪儿来那么多的公主呢，你之所以能讲得如此洒脱，只不过是因为你一出生就被光环笼罩着，你根本没有尝过贫穷的滋味，哪有资格与我讲什么感同身受的话呢。或许，我不该交一个各方面都比我出色太多的朋友。

那天过后，我开始有意无意地疏远苑北北。下课不再与她一同去厕所，放学后也不再和她留在教室里，手执粉笔立在黑板前涂鸦。我总是捧着两三本书，装模作样地告诉她我要到走廊去背诵英语单词，要去预习明天的新课程。这种日子过得久了，便慢慢养成了一个人看书的习惯。有时候捧一本心灵鸡汤，趴在走廊的铁栏杆边上，也能看得如痴如醉。

然而好景不长，有一天我在那里遭到了赖头的戏弄。赖头的原名我并不清楚，只知道他是学校里臭名昭著的小混混，专门以捉弄女同学为乐。那天，他趁我不注意一把抢走了我手中的书，引我去追逐他。他是个臃肿的胖子，腿粗而短，行动自然不如我敏捷。但每当他跑不过我的时候，他就躲到男厕里去，我到底撒不下自己的薄脸皮，根本拿他没辙。如此几个来回地追逐，我被惹烦了，恼怒得发起火来。附近渐渐有同学前来围观看热闹，兴趣盎然犹如看猴戏。

苑北北也被吵闹声引出教室来。她从我这里听说了事情的来龙去脉，也是满腔的义愤填膺，一个箭步就要冲进男厕去揪赖头出来。

想不到她是这样强悍的女孩子。

我见到苑北北今天第二次穿了她的小皮鞋，赶紧拉住她说："厕所地面正积水呢，你的鞋子是新的，不能进去。"

"没关系，我把鞋子脱掉不就行了。"她三两下脱下鞋子，毫不犹豫地冲进男厕去了。

围观的同学情绪瞬间高涨起来，直拍手起哄。大家的目光都凝聚在苑北北这个勇敢的女孩儿身上，我却突然低下头，目不转睛地打量自己跟前这双崭新的圆头小皮鞋，棕色的鞋面泛着油亮的光。我长这么大从没见过这般好看的鞋子。

就在这一瞬间，我动了贪念。在所有人专心看热闹的时候，我偷偷地藏起了苑北北的鞋子，用《英语周报》包得严实无比，然后神不知鬼不觉地塞进自己的书包里。我打算将它占为己有。我想，反正苑北北家里那么有钱，丢了一双鞋子应该没什么影响吧。

4

不知过了多久，苑北北帮我从赖头那里抢回了书本。我捧着书，低头向她道歉，告诉她我没有帮她看管好鞋子，不知鞋子在混乱中被谁偷走了。

苑北北惊讶极了，她光着两只湿漉漉的脚，不知所措地望着我。

我忙脱下自己的鞋子说："都是我不好，不如我的鞋子先借给你穿吧。"

她木讷地说了一声谢谢，心不在焉地穿上我的鞋子，呆坐在一旁，眼眶里突然噙满了泪水。

我的自尊心因此受到伤害，铁青着脸问："你嫌弃我的鞋子是吗？"

"不，不是这样。"她摇摇头，换上了担忧的神色，"我今晚回家得挨我堂姐的骂了。"

"什么？"

"那皮鞋是我堂姐的。"

"不会吧……"

"她骂人很凶。"

"啊，你到底想说什么？"我越听越觉得一头雾水。

她想了想，耷拉着脑袋说："对不起，圆子。我不该对你撒谎的。"

接下来，我几乎是屏着呼吸听她把话讲完的。

"圆子，记不记得我曾经对你说过，我只是个灰姑娘，那是真的。我并没有什么优越的家境，我妈妈只是陶瓷厂的一名普通女工，每天都极其忙碌，平时几乎没有工夫管我。我爸爸呢，他不是画家，我不清楚他是干什么的，我已经很多年没见过他了。听妈妈说，他在我四岁那年偷渡去了香港，至今杳无音讯。这些年来，我和妈妈过得很艰辛。

"那天你见到的那个画画的男人,其实是我叔叔,别墅也是他的。妈妈不想接受叔叔的接济,但因为我上学的关系,现在我只能寄住在叔叔家里。我的婶婶和堂姐为人十分刻薄,只有我叔叔是真心对我好的,他经常给我买漂亮的发夹,我每天变换着戴,只是想让自己看起来不至于太寒酸,让别人知道,我并不可怜,我和别的小孩儿没有区别。但那里不是我的家,我一直在等我爸爸回来,而且从不因此而自卑,我每天挺直腰板走在太阳底下,总相信自己是可以活得很漂亮的。直到那天你问起我爸爸,我突然有点儿惊慌,甚至不知该如何向别人描述我的爸爸。所以,我撒谎了。

"我从来都问心无愧,假如说我做错了什么,那便是隐瞒了我爸爸下落不明的事实。我想,等待本身是件饱含希望的事,作为等待的人,我应该是坦坦荡荡的。

"圆子,我告诉你这些,并不害怕自己会因此沦为所有人眼里的灰姑娘,事实上,即使现实状况再狼狈不堪,只要我知道我是我自己的公主,就足够了。"

我脸上的惊愕随着她平静的眼神,一点儿一点儿消失殆尽。眼前突然浮现出那个脊背挺得直直的、戴着漂亮发夹扎着高高马尾走在阳光底下的苑北北,真是美丽得无法形容。

不知不觉中,我的眼眶里蓄满了泪水,紧紧攥着她的双手说:"放心吧,你爸爸迟早会回来的。你的鞋子,也会回来的。"

她的鞋子一定会回来的。因为,我也想成为一个光明磊落的好女孩儿,只有这样,我才能够成为我自己的公主,即使我只是别人眼中的灰姑娘。

蜗牛姑娘不要掉眼泪

　　我记得阿娇告诉过我她在书上读到的一句话,大意是,人活着就是来受罪的。我们拼尽全力地努力,不过是为了少受点儿罪罢了。她当时对这句话很不满,皱着眉头思考出许多证据来反驳它。我知道阿娇一直被划分在"蜗牛"里乐观开朗的那一类,她热衷于一切新鲜的事物,并保持积极向上的心态。我当时只是一笑,并没有太深的感触,然而当真正难过时却想到这句话,品味起来发现竟也是不错的。

蜗牛姑娘不要掉眼泪

洪夜家

你的身边有没有这样一种人，做起事来慢悠悠地没有一丁点儿紧迫感，对很多东西付出了很多却看不出成效，学习工作都需要一个人在后面追赶着，好不容易完成一件事后还需要别人跟着擦屁股，可无论走到哪儿都能心安理得地享受别人的关爱。

当然如果前面都不算，最后一条足以概括他们的乐观。这种人永远是懒散又欢乐着，遇到任何困难都不会放弃希望，有种自在的洒脱。

我称他们为蜗牛——背着重重的壳却随处都可以安家的蜗牛。

骑车回家的路上，我脑子里一直思考着这个概念。阿娇曾告诉我亦舒提到的"生之微末"，原本是出自佛学，她解释不好却又认真描述着那种精致。她说成长有一种伤痛美，其间有很多微不足道的小矛盾小过错甚至是小遗憾，都被我们无限放大出来。像蜗牛的人大概就是那类总能发现事物美好的一面，而将伤痛埋在心底安然遗忘的人吧。

培根说过，希望是一顿好的早餐，但却是坏的晚餐。

阿娇总能说出这般有哲理的话，每次同她聊天后我都会觉得自己像玩儿魔兽时偶遇高人，经验值噌噌地往上涨，然后连升了好几级。

其实我很羡慕那类人。

那么，在你的年华里是不是也有很多庆幸？啊！还好我不是侏儒，还好我不是恶人，还好我不是流浪汉。我喝牛奶可以很快长个儿，我喝水从不长胖，我猛吃膨化食品也不长肉，我参加社会公益活动并积极捐款，我不富裕但好歹能供给生活，省下的不必要开支也可以开展些娱乐活动。

这样的你，会不会感觉很快乐很满足呢？感谢那些人吧，他们正替我们默默承受着那些本该降落在我们身上的痛楚和悲哀。他们就是一个个善良的小天使，抚平你的伤痛后将欢乐留在人间。

我相信上帝是很公平的，他赋予你一样东西后必定会夺走另一样东西。人不可能拥有一切。

简单点儿说，像蜗牛的人就是那种会珍惜自己拥有的东西，不计较得失的人。

我记得阿娇告诉过我她在书上读到的一句话，大意是，人活着就是来受罪的。我们拼尽全力地努力，不过是为了少受点儿罪罢了。她当时对这句话很不满，皱着眉头思考出许多证据来反驳它。我知道阿娇一直被划分在"蜗牛"里乐观开朗的那一类，她热衷于一切新鲜的事物，并保持积极向上的心态。我当时只是一笑，并没有太深的感触，然而当真正难过时却想到这句话，品味起来发现竟也是不错的。

那段时间我的确状态很差，每天都像是得了焦躁症般。事事不顺，很多东西拼尽全力也是徒劳无功，越努力越难过，自己的世界一片荒凉。早上醒来总觉得今天是讨厌的一天，好像从来都没有阳光。

最后的我，懦弱到竟向父母申请退学。结果自然是被全票反对的，震惊和失望过后，他们甚至想尽各种办法给我洗脑。

我每晚把自己锁在屋里，拼命地刷空间动态，开好多窗口同时和好多人聊天，好像只有这样才能获得快乐和满足，才能填补内心的空虚。

在那些人中，有两个是我的女神，对我很有威慑力。一个是阿娇，还有一个就是治愈少女格子。很奇怪，那些安慰的话人人都会说，然而从她们口中吐出的字句好像就是格外有治愈功效。我很感激这两个在黑暗中向我伸出援手的人，是她们不顾一切将我从问题少女的边缘拉回。

　　有一晚猫猫发消息问我作业，我告知后也和他聊了起来。两个人聊得很是欢乐，到了深夜也是不能尽兴。后来他发来一个萌我一脸血的表情告诉我，你看你，长相中等偏上，性格又好，跟我很投缘啊，而且呆萌呆萌的，还是个地道的文艺女。你是我当之无愧的女神。

　　猫猫的话给了我太多勇气，我当时对着屏幕就笑了出来，头一次知道一直都是平凡存在的我，竟也可以成为别人的女神。

　　最后我也不知道和他聊了多久，只记得困得两个眼皮打架也没有中断对话，直到收到他发来的语音才沉沉睡去。"夜深了，晚安。"

　　我清楚地听到那低沉的声音，他说："晚安。"因为阿狸的特殊意义，已经很久没有异性对我说过这两个字了。

　　听过以后很温暖，比听到"我喜欢你"还要温暖。

　　后来我和猫猫经常在一起聊，他谈到对姑娘和妹子的定义，在他心目中，长相中等且呆萌的文艺女，都是姑娘。看起来小小的柔柔的又爱犯傻撒娇的，是妹子。他说你和阿娇都是地道的姑娘，认真又美好的姑娘。

　　那一刻我很感动，正想回复他些什么，却被突然跳出来的聊天窗口吓到。阿娇告诉我她恋爱了。我觉得这消息简直比火星撞地球还雷人。阿娇这姑娘是学霸，聪明、严谨、责任心特强，而且善良。就像她刚才说："只要他不提分手，我就绝不会提。我希望我们可以坚持到高三。"

　　我在心里默默地说，我对你放心啊，但对他很不放心。男方我见过一次，看起来油腔滑调的，异性缘极好，给人的第一印象就是花心。我不知道他用什么花言巧语打动了阿娇，但此刻我很不放心。

　　他俩之间的结局我们都能预见。这世上又怎会有一个何以琛之于赵默笙呢？

　　后来她给我发聊天记录，那男生很明显追到她后就敷衍起来。我想劝她分手，就引用了很喜欢的一个作家的话。

有人说恋爱就如一双看上去很美的鞋子。等你真正穿的时候便会发现，这双鞋子其实不合脚。既然不合脚那就换一双好了，鞋架上的鞋子很多，都很美，不一定非要这双不可。

至于结果，我不知会怎样，我可以想象到阿娇未来的千百种结局，我甚至可以清楚地看见泪珠从她眼角滑落的样子。

我心疼她同她心疼我一样。我记得她当初苦口婆心的教导，记得她说我们是一路人，难过的时候想一想还有她陪着我挣未来。

所以现在，我也开始同她一样学会为自己的未来多想一些，开始关注中传的贴吧，加上了某个师哥或师姐的QQ，准备为没有理化生的自主招生作准备。

我知道自己想去哪里。就像现在的我逐渐开始明白，每个人都不能这样自私，做蜗牛并不是逃避困难的借口，这世上有很多事不是你喜欢做、想要做才去做的，还有许多你不得不做的事——这是摆在你眼前的现实。

蜗牛总爱给自己选择一条荆棘丛生的道路，却不知道有没有勇气走完。

但我想，每只蜗牛心底都有一方净土，即使在别人眼里寸草不生。

阿娇，还记得《霸王别姬》里那句情话吗？"说好的一辈子，差一分钟、一个月、一星期，都不可以。"

你要认真地过好每一分钟，别管现在还是未来。

鱼的自由

宠物酱

你很寂寞

小学三年级。

妈妈不许我和肖洋做好朋友,她说,不然晚上就不给我做辣子鸡吃。

爸爸希望我和肖洋是好朋友,他说,晚上带我去吃肯德基。

于是肯德基战胜了辣子鸡。

肖洋这个人孤僻得很,常常坐在台阶上望着远处的房屋,好几次,我咬着鸡腿含糊不清地问:"你在看着什么?"他好久才缓过神来说:"在看海。"

"阿妈,你孙子又疯了。"接着我就被肖洋掐住脖子,不是很用力的那一种,"你看,那海浪来了,你听到那声音没?"我掠过他的头看向远处。慢慢地,他松开手,又聚精会神地看向远处,仿佛真的有海似的。他这种情况时有发生,但更多的时候他像个正常人似的上学放学。

不爱说话,我妈就不喜欢他这一点。

有一次,我被邻村的小伙伴给揍得鼻青脸肿,原因是我说他是个爱流鼻涕的小邂逅。然后肖洋红着眼把小伙伴给揍得鼻青脸肿，这件事的后续是我爸边打我的手心边在我耳边夸肖洋，但肖洋揍那个人的原因不过是那人骂他是个神经病。

他很孤僻，每天站在教室的窗户旁，也不跟人搭话，回家也是跟着我走。有好几次路过他的教室，看着他背对着我看学校外面的景色。我一直怀疑他是不是有一天会突然从窗户那边跳下，与地面来个面对面交流。不过这个念头很快被那个年纪的我否定，他不会，他那么喜欢海洋。

所有人都以为他只是不爱说话，他那么孤独，却只有我一个人知道他真的是个疯子，是一条只能活在海底的鱼。

你是一条鱼

我初次接触水时脚底一滑，在水里呛了几口，随手抓着小孩子的游泳圈爬起来，不免被人家的家长狠狠地瞪了几眼，我就瑟瑟发抖地上岸了。

小小在水中一直学不会如何自由换气，她没有成就感死活要拉着我进水，溺水时的挣扎和恐惧以及那水中片刻的空白让我扒着栏杆不敢放手。

"你这样永远学会不了游泳。"小小一脸鄙夷地要把我拽离泳池边。

"就让我一个人静一静，我只想温暖地泡着。"脚一软，我又被水呛了一口。

扑通一声，一个人径直地在我旁边落下，水花四溅，我整个人更凌乱地沿着池边小心翼翼地要爬上岸。

因为恐惧，失去重心的我又华丽丽地跌进水里。眼睛痛得睁不开，水呛进鼻孔里，完全呼吸不了，周围人的嬉笑声瞬间远离。我发不出任何声音，手脚无力地挣扎着。

我才不想光荣牺牲在一米二的泳池里，救命。

妈妈，你把我生矮了，至少让我长到一米七，一米六是硬伤，救命。

我在水中睁开眼，水一下子向我袭来，好蓝好蓝，在我以为要死掉时，一个人向我游过来，脸白白的，坚挺的鼻子，他吐着泡泡，就像只飞鱼似的，双脚很灵活，在我旁边游动。

他把我捞上来，随后又潜进水里向更深的一米八游去，我一直很"嫌弃"肖洋学游泳能无师自通，不像我即使上了三四节游泳课都不能使自己漂浮起来。

我嫉妒他，嫉妒他能像鱼那样自由自在地游在水中，那种静静沉入水中的勇气让我嫉妒得发狠，而我却只能在岸上大口地呼吸着新鲜空气。

他终有一天也活在陆地上，不能再像鱼那样游在水中，与形形色色的人交流并活下去。毕竟这世界是喧嚣的，是不允许鱼的自由，甚至是孤独的。

我很孤独

网友出车祸去世时，我把自己关在厕所，老爸在厕所外面喊着："闺女，你好歹出来吃点儿东西，不然你也好歹出来，让爸爸进去下。"在厕所里我一度把干扰我伤心的人当作仇人，就像完全无法理解一个难过到要死的人会对人笑。但我的伤心是短期的，爸妈总有法子冲进厕所把我五花大绑拖出去跪洗衣板。他们的想法永远是：孩子就该是天真烂漫的，一切阴郁都是暂时的，不具备长期存在的理由。就像他们永远无法理解肖洋其实是个孤独的疯子一样，无法理解让我自己一个人乖乖待在厕所的理由。

所以即使我再怎么难过，也还是他们说的那样，小孩子不懂什么是悲伤！

一切冠以悲伤的名义，仿佛就成了我那段时间缅怀网友的理由，然后就像一阵风吹过，我到了一定的年龄发现悲伤深处空无一物，真正的痛是无法用言语阐述的。我仍然发现我只是独自一个人哭泣，而不是"你离开后，我将自己活成了你"那般的悲壮。

我天生仿佛就不存在抑郁质，就像我无法找出肖洋全身充满忧郁的原因。

我是一只飞鸟

牙医说，我的牙齿只是凸出一块，不是骨性龅牙，不需要斥资动手术。学校的心理医生说，多与人交谈，心放宽。于是我很宽心地准备中考、高考。但心理医生建议肖洋去正规医院检查。

肖洋有很严重的心理疾病，常常坐在长椅上发呆，他有时看着远处，有时低着头。我开始学会安静这个词，我有时捧着一本书坐在他旁边一看就是一个下午。我问他："在看着什么？"他仍旧回答说："看海。"于是我放心地接着看书。

我希望的是他每天都能看到海，如果有一天看不到海，我害怕他会像小时候那样：小伙伴说他是疯子时他伤害别人的同时也把自己弄得伤痕累累。

他活在自己的精神海洋里，像一条鱼一样自由地活着。鱼离开了水会死，就像我永远学不会游泳只能在陆地上像只鸟那样欢腾地飞来飞去。

我还是无法理解他慢慢潜入水底憋气，感受水的温度和流动。但那种静静沉入水中的勇气让我着迷，虽然我还是只不会游泳的鸟，但我想去尝试接纳这条孤独的鱼。

当我和一只猫对视的时候

小太爷

第一次遇见那只黑白花的大猫是在学校里小砂锅店的门口。它好大个脑袋,浅绿的眼睛,肚子圆滚滚,懒洋洋地躺在那条小路的正中央。

四周绿草如茵,矮树连群,天边夕阳正好,薄暮向晚。

那猫看我一眼。

我心想,我这么招猫讨厌的一个人,还是不要凑过去了。医药费事小,心理阴影事大。

我小心翼翼打算绕走。

这时候,它忽然回头(请自行想象它在地上潇洒一扭头,脑瓜子擦在地上,唰一下),再次看了我一眼。

"喵。"

我终于还是没忍住,蹲下摸了摸它的脑袋。

该猫一看就是威风凛凛称霸校园的那种大野猫,一身毛发油亮。它发出呼噜呼噜的声音,我肆无忌惮地抚摸着它,忽然很想让时间停住。

夏天的傍晚,风里带着丝丝的甜气。我手里源源不断地传来的那种又软又暖的触感,让我想起记忆里很多美好得让人想回去再经历一遍的事情。

比如，小时候家楼下那个软软的沙堆，初中放学时候挤破脑袋买到的那根满是香气的煎火腿肠，高三的半夜做题做得饥肠辘辘，打开柜子发现还有一个小蛋糕，或者是，我爷爷亲手做的牛肉干。

大概这可以算得上是个怦然心动的时刻吧。

这些时刻支撑我走过一个又一个寒冬，是我对生活希望的源泉。

以前立志于做一个有深度的人，写东西，能用高级的词就绝不用低级的，结构能复杂就复杂。大概是因为过早接触了太多的大道理，所以很难再得到一些非常纯真的快乐。

每当我觉得自己在天上孤独地飞的时候，那些时刻，都会重新让我感到温暖。

就像我遇见了一只猫，它很信任我。

它看我一眼，我怦然心动。

第二次碰见这猫是在今年春天的时候。那天我筋疲力尽地从图书馆里出来，看见篮球场橘黄色的光，忽然特别想哭。然后我想去那边走走。

走了没几步，就又遇见了它。

它愣了愣，咕噜一声又躺下，示意我过去摸摸它。我走近了，发现它比上次见时更胖些，也干净了不少。

听说柔软的东西会让人放松，摸着摸着我忽然觉得，对啊，没有什么大不了。至少这校园里还有一个毛孩子，能认得出我，能让我随意地揉啊揉。

我和它对视，忽然很想谢谢它。

谢谢它，带给我两次这样宝贵的温暖和心动。

此刻风走过城市的大街小巷，撞到我身上，轻轻的一下。

世界上最孤独的鲸鱼

叶佳琪

我再次想起乔悠悠，已经是上大学后的一场高中聚会。不知是谁起的头儿，突然就听见有人说："你们听说了吗？她好像不在了……"

众人议论纷纷："不是吧？之前不是说她出国了吗？"

又有人不嫌事儿大："像她那样的人，在不在和我有什么关系……""哎？你怎么能这样说话，好歹大家同学一场……"

"就是……这消息真的假的？唉，心怡，你当年不是还替她说过话吗？你有她的消息吗？"

我怔了怔，手足无措地摇摇头，思绪却回到了很多年前。

1

乔悠悠是我高中的最后一个同桌，也是我最不想要的同桌。

好像每个班级里都有这样的存在，仅仅因为不够聪明、不够漂亮，或者是不善言辞，从来不加入任何团体，久而久之，就成了被孤立的存在。

乔悠悠就是这样的存在，她浑身肉嘟嘟的，婴儿肥的脸上是两片常年的高原红，说得直白一点儿，就是个小胖妞儿。虽然她胖得并不难看，可班级里的男生总是不怀好意地给她起各种外号，从"十三妹"到

"苏格兰小乳猪"，甚至会当面笑话她的身材，她也不生气，相反，脸上还总挂着露出八颗牙的标准微笑。

她性子温和，对谁都是笑嘻嘻的好脾气的样子，特别是拿着数学题问我时，脸上的笑容甚至带着些谦卑的味道。俗语说得好，伸手不打笑脸人，可我好歹在班里是个有脸面的人，我成绩不错，长得也还算漂亮，人缘也没多大问题，根本不想和乔悠悠走太近，所以我只允许她在大家午睡的时候问我题目。

也不知道她的智商是不是都用在吃的方面，在学习上她真是不聪明。明明一道很简单的数学题，讲得稍微快一点儿，她就理解不了。偶尔我会忍不住说她："怎么这么简单的题目你也不会？你是猪吗？"

她也不生气，总是抿着嘴唇，长长的睫毛忽扇着，认真地说："我妈妈说过，五根手指头有长有短，我虽然没有像别人一样聪明，但笨鸟也能先飞，最后总能到达终点。"

"那你的终点是哪里？"

"我想考上一所好的大学，成为我妈妈的骄傲。"她的声音小小的，但却很坚定。

我摆摆手，觉得此刻的她单纯得有些可笑。

2

乔悠悠真正成为众矢之的，是教师节的时候。

按理说，教师节那天，大家总会给班主任一点儿小惊喜表达敬意，可今年例外。

开学之后，班主任就时常找不到人，自习课常常人影都没有，甚至好几次自己的课也是找别的老师来看一下而已，班上有什么突发状况，都是隔壁班的班主任来帮忙处理的。

大家的不满情绪集体爆发在教师节前几天的早上。升国旗的时候我们班没有全部到齐，被校长点名批评，班主任一时没能找出到底是谁没来，一气之下罚了全班一起跑操场。好几个女生委屈得边跑边哭。

在这种情况下，自然不会有人对班主任有任何表示。

于是，当班主任神采奕奕地走进教室，怀着期待的心情在讲台上站定，却看见黑板上空空如也，并没有去年一样的"祝老师教师节快乐"几个大字。班长喊了起立，全班无精打采地站起来，软绵绵地喊了句"老师好"。

她一时没能接受这种期望与现实的落差，明显地愣了下神儿，就在这尴尬的时刻，一个稚嫩的声音响起，显得格外突兀："老师教师节快乐！"

班主任明显有些意外，激动地冲声音的主人点头示意，然后招呼全班坐下。

这个声音的主人就是我的同桌——乔悠悠。

成为"叛徒"是要付出代价的，乔悠悠的代价就是遭受更加惨烈的孤立，以及时不时的恶作剧。

当天中午乔悠悠的凳子被人搬出了教室，因为大家不欢迎她这个拍马屁的叛徒。

乔悠悠进来时，大家都不怀好意地看着她，带着挑衅的眼神，教室里的气氛格外紧张。她看着周围咄咄逼人的同学，突然绽放出一个很无辜的笑容，然后淡定地走出去把自己的凳子捡回来，擦干净，自然得像一切都没有发生过一样。

有个女生当着她的面提起凳子，走出教室，从楼梯口上狠狠扔了下去，凳子哐当哐当跌落下去，摔坏了一条腿。

她依旧什么也没说，甚至脸上连生气的表情都没有，从容地走下去，捡起她的凳子，途中有个老师经过，问她怎么了，她笑着回答："没什么，老师节日快乐呀。"

说完，她抱着凳子平静地走下楼了。

3

那场闹剧最终以一条小道消息收尾，这段时间班主任的丈夫有了外遇，一直在闹离婚，家里也被弄得天翻地覆，所以她得时常回去商量离婚事宜，班级这边的事情就不得不失了心绪。大家对班主任的怨气顿时就消了，可对乔悠悠却还是一如既往地孤立。

我很少和乔悠悠说话，我们说话最多的时候就是偶尔午休时悄悄给她讲题的时候。我不是不喜欢她，只是不想因为和她太接近而一同成为众矢之的。

可我怎么也没想到有一天，我竟然和乔悠悠成了同类。

那是地理课，老师是个特别严厉的老太太，她坚信"作业没带就是没写"，凡是没带的都必须站到教室外面，所以一直以来谁也不敢忘带地理作业。

偏偏那一天，我怎么也找不到要讲评的地理试卷，那大概是我高中时代最尴尬的时刻——当着全班所有人的面，灰溜溜地走出教室，像个囚犯一样面壁思过。

但我一转身，发现乔悠悠就站在我身旁。

像是习以为常一样，她咧开嘴笑得很淡定："林心怡，你有没有觉得这里风景很好？"

尽管"和乔悠悠一起被罚站"这件事让我很羞赧，但那四十五分钟里我们聊了很多事，那是我记忆里和乔悠悠最接近的四十五分钟。

4

高二下学期，班主任实行按成绩换座位制度，我和乔悠悠不再是同桌，因为她坐到了最后一排，她依旧是一个人，像是一株孤独而沉默的植物。

再次注意到她的时候是圣诞节，学校明文规定，每个班级都不准出现喷泡沫雪花这类的情况。

平安夜，乔悠悠在她的课桌角粘了一棵迷你圣诞树，引起好些人的注意。生活委员也曾出马，以维护班级卫生和整洁为由，要求她拿掉那棵圣诞树，但她死活不肯。

有人阴阳怪气地嘲讽："那个胖妞儿还真把自己当成外国人了，过平安夜必须要有圣诞树呢，只可惜没人送她圣诞礼物，哈哈。"

乔悠悠装作没听见，继续趴在桌上认真地在纸上画着圣诞老人、驯鹿、雪人和有烟囱的房子。

她的画很美，像远方的一个童话，因为我看到了她偷偷塞进我抽屉里的手绘贺卡。

第二天早上，有人用喷漆在窗户玻璃上喷了"Merry Christmas"的字样，分明就是在挑战学校的权威。

大家不约而同地把嫌疑人指向乔悠悠，这也是情理之中，瞧她昨天对那棵小小的圣诞树的热情劲儿，就知道她有多想过圣诞节。

乔悠悠声音不大却异常坚定："不是我！"

"你有证据吗？为什么大家都说是你？"班长说。

"反正就不是我，你有什么证据证明是我吗？"她瞪着眼反问。

显然这句话没起作用，众人七嘴八舌地商量着怎么从她那里找出点儿证据，我犹豫了很久，身体却诚实地站起来："不是她，真的不是她。"

"你怎么知道？"

"昨晚我把钥匙落在教室里了，返回来拿的时候看见一个黑影跑开了，那影子看上去明显是个男生，但是太黑了我看不清他具体的样子。"

大家只好不情愿地放过乔悠悠。

下课的时候她趁着没人注意，走过来问我："你真的看见了？"

"没有，我瞎扯的。"

"为什么要帮我撒谎？你怎么知道不是我？"

"你说不是，就不是，我相信你。"我在心里说道，却始终不好意思说出口。

其实我知道她为什么对圣诞树那么执着。圣诞节是乔悠悠的生日，所以一年那么多的节日里，她最喜欢圣诞节。

可是很不幸，之前每年的圣诞节，乔悠悠身体都会出现问题，所以她都得在医院里过。"我的病大概很喜欢圣诞节，真是气死我了。"

乔悠悠做出一个很夸张的张牙舞爪的表情，表示自己的气愤。

这是一起罚站的那节课她告诉我的，我不知道乔悠悠到底得了什么病，但我觉得那一刻的她可爱极了。

5

高三的时候，乔悠悠再也没有在学校出现过，有传闻说她出国了，也有人冷嘲热讽："就她还出国？估计只会和老外说Hello吧……"

其实乔悠悠和我告别过，有一天夜里我被电话吵醒，那边传来乔悠悠的声音："林心怡，我要去很远的地方，不回学校啦！"

"嗯……"我迷迷糊糊地应和着。

"谢谢你！你是我遇到过对我最好的朋友！"我不记得自己后来敷衍地回了什么，当时只觉得乔悠悠有点儿莫名其妙，但又没当回事，觉得这就是她喜欢的风格。

所以，当我在同学聚会上听到关于乔悠悠的传言时，突然想起这个不被我放在心上的告别电话，心里莫名地不安起来。

那场聚会结束后，我问高中班主任要来了乔悠悠家当年的住址。

乔悠悠的妈妈一眼认出了我："你是林心怡吧？来看悠悠吗？进来吧……"

我怎么也没想到，我看到的乔悠悠，已是墙上的一张黑白照片，那上面的她，依旧是傻傻的露出八颗牙的笑容。

乔悠悠的房间里有很多漫画杂志，原来她当年一直在给杂志画插画，每一幅画旁都写着她的笔名——鲸鱼小姐。

我一口气看完了她所有的画，仿佛看到了记忆中的乔悠悠。

我知道她不是笨，只是不擅长念书。

我知道她从来没有朋友，尽管她一直想要努力靠近别人。

我知道她有一颗柔软善良的心，尽管别人总用恶意揣测她。

可是我不知道她的病叫Rett综合征，百度百科说，这是一种严重影响儿童精神运动发育的疾病，发病率为女孩儿的万分之一至一万五千分之一。

我不知道那个一起被罚站的下午，其实她带了地理试卷，只是为了陪伴第一次被罚站的我。

我想起那个下午她问我："你知道Alice吗？"

她在1989年被发现，从1992年开始被追踪录音。在其他鲸鱼眼里，Alice就像是个哑巴。

她这么多年来没有一个亲属或朋友，唱歌的时候没有人听见，难过的时候也没有人理睬。

原因是这只孤独鲸的频率有52赫兹，而正常鲸的频率只有15赫兹到25赫兹，她的频率一直是与众不同的。

这头鲸鱼的适应力同时也鼓舞着每一颗孤独的心。尽管她二十年无应答的呐喊声孤零零地在冰冷的北大西洋里回荡着，但是她从来没有停止过歌唱。

一个著名的禅门僧人问道："一只手的掌声是怎样的呢？"

它可以引起"52赫兹"的共鸣。

我突然觉得，乔悠悠就是那只孤独的鲸鱼。

让我泪流满面的飞鸟啊

浆 菓

幼时读书，看到《目送》里写道："我慢慢地、慢慢地了解到，所谓父女母子一场，只不过意味着，你和他的缘分就是今生今世不断地在目送他的背影渐行渐远。"实际上，我清楚地明白，自己才是在原地看着父亲渐行渐远的那人，而父亲，如那鲜少停歇的飞鸟，常常惹人落泪。

小时候对爸爸的印象有些淡薄，因为一直以来他回家的次数屈指可数，但"爸爸"二字却深植于心。因为年少的愚鲁和任性，爸爸对我少不了批评斥责，所以那时对他，更多的是敬畏。后来明理懂事了点儿，逐渐觉察他炮弹里的糖衣，便会生出些许体谅与感激。只是仍会因为他而哭鼻子，不过这些眼泪，随着长大有了更多的意味。

记忆中，高一那年的除夕过得异常热闹。爸爸购置的年货格外丰盛，张罗的年夜饭愉悦味蕾，鞭炮噼里啪啦，幸福感在耳边炸裂，让人舍不得入睡。谁想到他第三天早上就走了，迷糊中被他收拾东西的声音吵醒，我知道他照例会在桌上放些好吃的和他整理的读书笔记，他的手机铃声《月光下的凤尾竹》划破静寂。后来每次听到这首歌，心里总会被牵扯出几丝伤感。

"好，我马上下来。"

我屏住呼吸，努力听辨他的脚步声，猜测是哪辆车把他载走，让他继续漫长的奔波。翻了个身，发现眼角溢出的泪水，不知何时，已将枕巾打湿。

高三那会儿，筷子兄弟的《父亲》风靡全年级，全班上战场之前还为班主任唱了这首歌。没料到的是，平常不苟言笑的一个男人竟会流泪。我也哭了——不仅是因为班主任的硬汉柔情，更是想到了我的父亲。

记得上次告别，大街上便是在播放这首歌。虽然早已习惯他的匆匆而别，但这歌词和旋律，还是勾出了百转千回的思绪。我转身逼回眼泪，不想被他撞见我的难过。爸爸说过，坚强的女儿是他的后盾。

接下来的暑假，我去了姑姑家，本以为不会见到他，没想到他竟然专程赶了过来。"这边也可以做生意，顺便陪你逛逛。"

在这一周里，我和他一起摆摊，早上六点起床乘车半小时赶到菜市场，走走停停找好摊位，再看人脸色讨价还价。他这些天的面容，褪去了作为父亲的严肃沉静，剩下一副弓背哈腰的底层人民模样。

我不禁想象，这么多年他历经了多少劳苦和辛酸，要是他把自身经历写成书，一定非常厚重吧，毕竟它承载了一个男人从青春莽撞到沧桑持重的时光。

但我一定是不敢看的——谁说岁月宽宏命运仁慈，我长大了，这个男人，却毫不留情地老了。

临别那天，爸爸拖着我的大箱子，我跟在他身后听他反复叮嘱着注意事项。

"平时不要太节约了，听到没？"

"学习要张弛有度、劳逸结合，不要太累了。"

这个男人，平素总是寡言少语，只有在离别之际，你才能听到他几句难得的念叨。我抬头喏喏应允，看见汗渍把他的衣衫浸出不规整的形状，不知怎的，我竟莫名想起朱自清的《背影》——"这时我看见他的背影，我的泪很快地流下来了。我赶紧拭干了泪，怕他看见，也怕别人看见。"

或许天底下的好父亲都有着相似之处：即便那背影平凡渺小，也能在不经意间教你感动万分、心潮难抑。

他们，都是很好很好的父亲。

等坐上车，看着爸爸用力朝我挥手，不过几次眨眼，大巴已将他的身影远远抛在了后面。虽然清楚离分难免，可我仍旧难释怀：为什么刚才还面目清楚的人，现在却成了一个模糊的点？

我别过头，终究没忍住落了泪，深切意识到，又一场离别已经开始，这只飞鸟，不知将于何处落脚。

我写过妈妈，但从没写过我爸。和妈妈在一起时我总是笑呵呵的，和爸爸相处却老是令我落泪感慨。

这些眼泪，让我体会到山遥水迢的苦楚，感受到风餐露宿的酸涩，亦让我饱尝花香果美的甜蜜。爸爸说等我以后找到工作了，他就会做点儿小生意安定下来。我也希望这只飞鸟，能停止漂泊永远留下来，然后换我来，带回一路芬芳与精彩。

丢失的猫咪

萧彭玮

1

那只黄褐色的猫咪在我家已经度过了四个夏天。

四年前的冬天到姥姥家,看见院子里几只小猫跟着一只大花猫在散步,看中一只便抱了回来。

那猫极可爱,喜欢卧在书桌上看我写字,还会趁我去厕所时占领我的作业本,又摆出一副若无其事的样子。

秋天,我捉了蟋蟀装进扎了小孔的矿泉水瓶里,放在猫咪鼻子前。它动鼻子嗅一嗅,便伸出毛茸茸的小爪儿轻轻滚动瓶子,它想吃蟋蟀,却只能急得跳来跳去。

可是啊,这样甜甜的日子很快结束了。

周末我到街上买球鞋,那只猫咪却一反常态地跟着我。后来在一家店里,仅仅在我低头试一双白球鞋的时间里,卧在我脚下的猫咪不见了!我心急火燎地跑遍街头巷尾的超市商店,仔细搜寻任何可能存在的角落,可是最后只是满头汗水地空叹息。

一到家我就翻出猫咪的照片,写了寻猫启事,打印一百张,开始四处张贴。

某日我在街上四处游荡,远远望见一个红衣服的女孩儿在寻猫启事前注视良久,以为她知道猫的下落,便跑过去问她。

她看看我,却只是笑。

"你知道那只猫?"

"不,但是我知道你。"

2

那女孩儿叫苏雯,她说和我在同一个学校。她笑盈盈地说:"一个月前班里轮到我浇花,可是水桶太重我一路晃晃荡荡的,就是那次你帮我提了三桶水哦!"我这才恍然记起。但当时我也只是碰巧路过,见她身体娇弱,便随手帮了她,根本没细看她的样貌。

她撕下那张寻猫启事,胸有成竹地说:"加油孙晓!猫咪一定会找到的!"

说得轻巧,谈何容易。

可是苏雯确确实实对找猫费尽了心神,她大着胆子在学校张贴五十张寻猫启事,还拜托闺密在学校广播室插播启事,简直像丢了自己的猫!

可苦苦寻觅依然毫无进展。

一天,回教室的路上,苏雯收到一条短信:我知道那只猫的下落,明天午后在操场见。

3

我和苏雯按约定时间来到操场,不久,一个陌生的高个子男生,慢慢走过来。

只是苏雯一脸惊异:"你、你……王雷,是你发的信息?!"男生很礼貌地点头。

我这才知道原来他们认识，不禁叹了一口气。

可是当我们向他询问猫的下落时，他脸上别有深意的表情让我的心再次高悬起来。

他突然似笑非笑地看看我和苏雯："给我一百块作为报酬，我就告诉你们猫的下落。"

果然，没那么简单！

"今晚我就带你们去见那只猫。"说完，他转身离去。

4

那晚我和苏雯跟着他走出学校，最终停在一家火锅店。他说前天吃火锅看到了那只猫咪，因为担心是王雷的恶作剧，我又专门询问几名餐厅员工，他们说那天确实有一只猫来过，只是隔天就不见了。

还好王雷没有撒谎，可是猫咪现在在哪里？

不过，让我欣喜的是，猫咪还活着！更令我惊异的是，王雷竟然把那一百块钱还给了我，他说直到帮我找回猫咪才收钱。

于是一小支寻猫队伍诞生了。

希望如同飞舞在我心间的一只萤火虫，发出微亮而美丽的绿光，时隐时现。

我们开始不辞辛苦地抽时间四处打听，每到双休日便一起行动，一起在餐馆吃饭，一起探讨寻猫的更好方法，一起鼓励对方会找到猫咪，一起在疲惫的时候互相关心。

我们像对长生药执迷不悟的道士一样对寻找猫咪执着着。

这种和睦的局面土崩瓦解是在两个月后。

那天我们正贴寻猫启事，突然下起了暴雨，王雷一个人冒着瓢泼大雨跑了很远买回两把伞。王雷右手撑伞和苏雯走在前面，我自己一把。

哗啦啦的雨帘里，我们走到一棵高大的梧桐树下，王雷突然停住脚步，转向苏雯，苏雯也突然抬头看着他。王雷若有所思地说："其实伞可以买三把，可是我只买了两把。"苏雯看他一眼，满脸错愕。

哗啦啦的雨声还在耳边响，但这句话我们都听得很清楚。

王雷缓缓垂下头，含情脉脉地盯着苏雯："做我女朋友吧——"

他不是奔着一百元来的，那只是他接近苏雯的借口，他的真正目的是追到苏雯。他认为经过几个月的接触，时机已经成熟，于是选择了在那个下雨天表白。可是苏雯却毫不客气地对他说"对不起"，然后从王雷的伞下轻步踏出，甩开被王雷捉住的右手，一步一步走到我身边。

我左手举着鸢尾般的紫蓝色伞，尽量把伞偏向她。

5

找猫的事情因为这件事中断。

一天在食堂吃饭，我问苏雯当时为什么不接受王雷，毕竟他成绩是年级第一，人长得又帅。苏雯却露出疑惑的眼神，咬咬嘴唇，忽地把眼睛看向别处："不喜欢就是不喜欢！"

也不知什么原因，那几天苏雯时时都像生闷气的样子，我和她说话，逗她开心，她都爱搭不理的。

虽然我那只心爱的猫咪没有找到，但是她的苦心我却心知肚明。

"你这个样子我很难受……"我咧嘴一笑。她别开头，孩子气地嘟着小嘴问："我不高兴你难受什么？"

"朋友之间当然要相互关照喽。"我尽量多说好话，面带笑容。可是在我说完找不出任何错误成分的话时，她的眼睛已经开始红了。

我着急地问她："到底发生了什么事？"

她马上就要哭出来："你真不知道？"

我知道肯定发生了什么，可是我确实不知道。

晶莹的泪珠突然流满她白皙的脸颊："你以为仅仅因为你帮我提过两桶水，我就会那样帮你费尽心思地找猫咪？"

我不由得一惊，这句话就像破天飞来的某个秘密，我一遍又一遍地思索它的隐藏含义，以及她脸上伤心的表情。可是我什么也想不出，也始终没有再说一句话。

直到我们分开时，她突然拉住我的手，红着脸说："因为我喜欢的是你——"

6

我是如此愚笨，对苏雯的心意一无所知，若仅仅因为帮她提过水她就如此在意那只猫咪，确实勉强。我在想为何明知在希望渺茫，或者说根本没有希望的事实面前，找猫这件事还会持续如此之久？那是因为苏雯之于王雷，好比我之于苏雯，三颗执着的心铸成了这支虽小却顽强不倒的队伍。

找猫咪这件事，也从这天起彻底宣告终结。

结果早在意料之中——猫咪没有找到。

我知道飞鸟曾经飞过

兔子先森

一中放榜的那天我去了。

特意回去的，没有告诉任何人。买了一趟跑得最慢的，绕其他城市走了一大圈才到达我想去的那个城市的绿皮火车。

售票的阿姨很奇怪地看着我，第一次见绕弯走的。我笑盈盈地冲她吐了吐舌头不说话。

火车慢悠悠地让窗外的风景慢慢从眼前消失，我蜷缩在卧铺的最里头，戴着耳机怔怔地看着外面。耳机里放着的是GALA的《追梦赤子心》，他在耳机那端咆哮："继续跑，带着赤子的骄傲，生命的闪耀不坚持到底怎么能看到。"

窗外突然驶过一片一望无际的绿得发亮的原野，眼角一片胀痛。

一望无际的生机勃勃，我也曾遇见过这样一个人，有着原野一样的生命。再也不会有，像你一样能把绿色穿得那样好看的人了。我再也没有遇见过。

1

还是初夏，空气已经十分燥热，电风扇在天花板上吱吱地响个不停，在墙壁上投下一片阴影。窗外不知名的树的叶子绿得发亮，开着不知名的花儿。我的教室在二楼，微微一抬头就可以看见一树一树的生机。

午后，树上的蝉聒噪，我半趴在窗沿上无聊地盯着那抹绿。旁边突然蹿出了一抹更亮丽的绿，我愣了一下，侧头看过去。

那是我第一次见他，像是从土壤里突然生长出的树苗，有着树一样生命力的男生。他穿着墨绿色的外套突然出现在我的面前，微笑着冲我介绍自己，像窗台突然照射进来的阳光一样让我猝不及防。"你好，我是吉他社的舒树。"

可是他不知道，吉他社的舒树，我怎么会不认识。

我曾经听别人无数次地说过，这一届的高二厉害了，两个状元，理科的舒树，文科的苏束。

我定定地看着他，愣了半晌才勾起嘴角。

彼时，我坐在教室里从别人的嘴里听见一个阳光明媚的他。即便月考排名时名字时常和我并列在一起，我们之间也横卧着我永远也跨越不了的鸿沟。而此时，这个人就站在我的面前，他的背后就是阳光。

我眯着眼睛定定地看着他好一会儿，也笑了："你好，我是苏束。"

"我知道你，语文老师总是说你作文写得好。"他看着我不好意思地捏了捏鼻子，鼻尖立刻泛着红。他笑了，咧开嘴角，露出一口大白牙。"今天来有个事儿，你能加入我创立的那个吉他社吗？"

"什么？"我被他的逻辑搞得发蒙，难道理科的学霸都是这样的逻辑混乱得满天飞？

"你知道，我们社团创立的时间不算长，学校里知道的同学还是太少，我们也需要宣传嘛，我们需要一个能够写好词的，会设计海报的。"他的眼睛亮得不可思议，我看着他明眸的烁烁觉得有些眩晕。原来有梦想的人的眼睛是这样的啊。

我鬼使神差地点头答应了。

第二天消息就传了出去，我不知道他是怎么和老师说的，总之他们班主任看见我差点儿一把抱住我。一脸喜滋滋地教导我:"那孩子聪明,就是最近玩儿吉他玩儿野了心,你带着他端正态度我就放心了。"

我微微笑着,暗想,如果他知道是我被带跑偏了会不会气吐血啊。

2

我去吉他社找他探讨宣传稿的时候正看见他在研究乐谱,认真的样子很可爱,额头上有密密麻麻的汗珠。我没有叫他,拿了一本书坐在一旁默默背诵尽可能地不去打扰他。过了好一会儿他才注意到我,先是一呆,然后吐了吐舌头伸过头来看我桌上的书。"哇,《论语》,几千年前的书也亏你看得进去。"

我理了理书页,把书合上耸耸肩:"这不是要考嘛。"

"听歌吗?我给你弹一首吧。"他没等我回复,自顾自地已经摆好了姿势,清了清嗓子——《追梦赤子心》。

"充满鲜花的世界到底在哪里/如果它真的存在那么我一定会去/我想在那里最高的山峰耸立……也许我没有天分/但我有梦的天真……"

我坐在一旁静静地看着他,看着他一点儿一点儿缓缓地唱着。他的嗓音很干净,轻柔得让人安心。眼睛轻轻地闭着,脸上洋溢着享受的幸福。

这是我从来没有过的表情。

他弹完后,我把一直放在窗外的那一抹带着阳光的视线收回来重新放在他身上,把下巴顶着膝盖问他:"这么喜欢吉他会不会分心?"

他眨了眨眼睛,挠挠头皮:"也许吧,但是我努力学习就是为了我爸妈不反对我玩儿吉他啊。"

"哦,这样啊。"

这样啊,我努力学习是因为我不知道除了这个还有什么能做的,而他，是为了自己喜欢的事。这就是我和他的差距吧，从一开始我就输了一个彻底。

他不知道我认识他有多久，久到我都快忘记了我原来认识这么一个人。

初中数学竞赛，我们代表不同的学校参赛，那是我第一次见到他。他把竞赛一等奖的奖状丢到一旁趴在窗户边看楼下在演练弹吉他的男生。他说："好酷啊。"他身边的男生反驳："酷什么啊，这个人是出了名的差生。"他淡淡一笑，轻轻地开口："他成绩差成那样，但他身上有我向往的东西。"

我站在一旁看着，将他脸上的表情尽收眼底。他随手丢在一旁的奖状上，舒树两个大字在阳光下泛着光。

我见过梦想初始的模样，他在我的眼底灼灼闪耀。

3

学校慈善演唱会的那天，我被室友拖着去观看他们的演出。

他和他的伙伴拿着吉他和话筒在台上嘶吼着，灯光迷乱，舞台上下一片沸腾。他遥遥看见我，冲我摆了一个pose，灯光闪耀，舞台上的他亮眼得不可思议。我想是灯光惹人醉吧。那时候的他格外让人着迷。

我没有等他过来就走了。走到门口的时候听见他的声音，遥遥地传过来，那么温厚的嗓音却让我耳朵发疼："我想介绍一下我们的词作设计担当……"

外面的阳光照在我的脸上，让我不由自主地眯起眼。门口的树木生机勃勃。他是舒树，他在肆意生长，我是苏束，一生束缚。

演唱会结束，他来找我，把我写的词作的画和吉他给我。

"昨天慈善演唱会第一名的吉他哦。"

我被他得意扬扬的表情逗笑了，天台的风很大，吹在身上有阵阵凉意。我看了看手里拿着的吉他想了想问："你以后学什么呢？音乐吗?"

"你呢?你学什么?"他反问。

"会计吧,我爸妈希望。"我说。

"会计?你不是喜欢绘画写作吗?"

我沉默很久,然后摇头:"不是喜欢,只是放不下而已。"

"放不下不就是喜欢吗。"

"哪有那么多的梦想,人这一生多的是束缚。"

他愣了下,表情无奈,耸了耸肩表情认真地说:"我一直以为你是苏束,无拘无束。"

接下来愣着的是我,有一瞬间我突然有一种流泪的冲动。眼眶酸得要爆炸,眼泪止不住地想要夺眶而出。我蹲下来,把头埋在膝盖里,嘴角却微微地扬了起来。他有些慌神:"你怎么了,别哭啊,是我不好,我说错了。"

我带着鼻音哼着说没什么。

我该怎么告诉他,我只是太高兴了。我第一次知道,原来我的名字可以这样理解。

我的名字,无拘无束。是我一直向往的自由舒展,是我一直捆绑着自己,不愿放手。那么,现在,我可不可以给自己一个放手的理由?

我可不可以,不再仰望着他,让自己和他站在同一个高度?让自己也能够散发出他那样的光芒,即便没有阳光也可以熠熠生辉。

4

再次在学校大范围地听到他的名字是我头一回看见他的班主任把他的成绩单狠狠地拍在桌子上的时候。"砰"的一声,周围的老师都侧目看过去。

"你看看你自己现在这副样子,像什么样子。你觉得这个成绩对得起谁?你以为吉他得了几个奖就可以无所顾忌吗?啊?"

"我只是喜欢吉他，不想错过这个机会。"

"你还要不要上大学啊你，你要不要？"

他皱着眉头看着被揉成一团狠狠拍在桌子上的成绩单一声不吭。我看着他，我和他的中间隔着三张桌子。可其实隔着一整个青春梦想。

语文老师推了推眼镜，把手里刚批改好的作文放在我手上，语重心长地说了一句："什么重要还是要自己弄明白。"

我笑笑不说话，刚批改的作文下面一排红色的字迹如鲜血一般：人没有梦想和目标就和咸鱼一样，但是在追寻梦想的过程中分不清轻重的人连咸鱼都不如。

我去退社的那天整个天空都是阴暗的，他难得穿了一件灰色的卫衣。戴着帽子，抱着吉他坐在窗台静静地看着远方。

我问他："你当时说的，努力学习就是为了父母不反对你玩儿吉他，现在呢？"

他有些可爱地眨眨眼睛，笑得苦涩。

我把退社申请表放在他旁边的桌子上然后退了出去。

风吹过来一个声音："我其实宁愿不如咸鱼也不想成为咸鱼。"一下子就随风飘远。

天还是阴沉沉的，我仰头往上看，眼前这片天没有一丝光明。这样的天抬起头直视时永远不会刺眼，但也没晴朗天时那么好看。这世间又怎得双全法。

高考结束在填交志愿的最后一刻把父母要求我选择的会计专业改成了我喜欢的专业。我对自己说，总要对自己好一点儿。

和父母说的时候，我忐忑不安地站在他们的卧室门边，梗着脖子不愿低头。他们安静了很久，然后我听见他们说，早知道你喜欢你就学啊，我们就是觉得你没什么喜欢的，学会计对女孩子好一些。

我一直以为的坚固城墙啊，这样容易摧毁。我昂起头热泪盈眶。

高三一整年的时间，我都没有和他联系过。

高考结束后听说他复读了，再听说，他这一年都没有拿起过吉他。像一个标准的好学生，做着他原来鄙夷我的三点一线的好学生。

我半天没有反应过来。是了，我也忘记了他的名字，舒树。在树上也生长着无数的藤蔓。我和他又有谁是真正自由的呢。我再也没有联系他。

我知道他第一次找我是因为他团队的一个男生喜欢我，他为了那个男生所以以团队的名义邀请我。我也知道，庆功酒的那天，那个男生想要约我出去，是他半路插了话不让我难堪。

我都知道，但是，都过去了。就像我还知道的那些他不知道的事情。

有一棵树曾在我的岛屿里滋长，让我懂得了自由的味道。

5

我看着他的名字，高居榜首。

我一遍又一遍地看过去，用手小心翼翼地触碰。永远不会知道，我曾经花了一整个青春的时间去追赶他。即便最后追赶到了，即便那段时间很多人都觉得他为了吉他荒废学业可惜了，我也依旧觉得难以与他比肩。

他从始至终都没有对我说过喜欢，和他传出绯闻的也不是我。甚至我和他最后的告别也只看到了他的背影。他背对着我，朝着太阳远远地挥着手，一往无前。阳光在他的身后拉了一条长长的影子，铺在他身上散发出柔软的光。仿佛我只要往前一步就能触碰到他。

我看着他远去的身影，我却只能双手紧紧地拽着书包带站在原地一动不动半咬着嘴唇。他的周身散发的光芒啊，璀璨又夺目。我和他的差距，是那时的我拼命奔跑也赶不上的距离。

没有梦想的我卑微又渺小。

很长一段时间我想让他看看现在的我。我现在做着自己喜欢的事，写写稿子赚点儿零钱，看书，写字，对着天空微笑，在阳光底下发呆。不是原来老师嘴里最讨喜的孩子，但却是我最喜欢的自己。

可是，我多怕，那棵滋长在我岛屿里的树变成飞鸟无处寻觅。我始终记得他那双盛满梦想的眼眸。

6

一路看下去，走到最后我整个人愣在当场。在展示板上面贴着一张海报，画着一把吉他。再熟悉不过的标志，是当初我和舒树一起设计的社团标志。

我愣了一下，突然想笑，又突然想哭。我捂着眼睛垂下头，嘴角勾起的弧度美好安静。

你看，那个少年依旧是旧时模样。

我突然很想打一个电话问问那个少年。

喂，现在你还需要一个词作担当吗？会画画会写宣传稿的那种。对了，我还学会了填词。

不要问我哭了没有

  2016年1月16日早晨五点，他彻底地告别了这个世界。
  姐姐发来的短信只有四个字：爸爸没了。我坐车到了路口，疯也似地跑回去。
  时间定格住他的体温。我紧紧握着他冰冷的手，年仅41岁的他，终于再也不用遭受癌症的痛楚，可以安稳地睡一个好觉了。
  老爸，我想你了。
  不要问我哭了没有……

不要问我哭了没有

以离

1

他是那一辈兄弟姐妹中年纪最小的,他父亲去世的时候他才十九岁,准确地说应该是十八岁。所以他的种种不好,好像也都可以被原谅。

我不清楚我原谅他了没有。

他嗜酒,赌博。

我见过他最多笑容的地方就是在饭局上,他会抢着埋单,无条件地给予别人最大限度的慷慨,这是我们家经常免费宴客的根本原因。

他能熟络地照顾好每个人,迎合每个人的口味,唯独不会在乎家人的感受。

他的运气并不好,总是输钱。他押的赌注很大,输得自然也很惨。所以他在赌桌上从来不会有好脸色,他沉着脸,麻木得如同机器,一遍又一遍地搓着麻将打着牌。

他想要把输了的钱全部都赢回来,可惜老天不给他咸鱼翻身的机会。

妈妈的劝说不会起到实质性的效果,给他打的电话不是不接,就是很不耐烦地隔着听筒冲她大吼。

深夜回归喝得酩酊大醉的他次次成为引燃家庭战争的导火线。妈妈的伤心落泪和絮絮叨叨亦是他愤怒的根源。他将所有堆积在胸腔里的负面情绪倾泻而出，开始无止境地咒骂。

我低声啜泣着，眼睁睁地看着父母扭打在一起，连上前阻拦的勇气都没有。尽管这种场景我早已司空见惯，但我依旧觉得很悲哀，为自己，为妈妈，为姐姐，更为这个狗屁的所谓的城堡。

我不明白在外头意气风发独当一面的人，为什么面对他的妻子和孩子却是另一副面孔。我躲在角落里看着他用力宣泄着，那一个个的空啤酒瓶子在他的手上变成了对付妈妈的武器。我歇斯底里地哭喊着，到头来终究是无济于事。

妈妈拼尽全力逃了出去，将他反锁在屋子里。

他怒火中烧，用脚死命踹着门板。未果。他回头随手抓起什么就往电视上砸，一下，两下……

我感觉我的身体隐匿着一股不受我支配的恐惧，然后便是陷到内心深处的绝望。

地上是满目疮痍的碎片，散落的零零散散的家具，无一不在宣告着这个世界的孤独。

最终他如愿地挣开了那扇门，气势汹汹地跑了出去。

他去了厨房，从橱柜下搬出一摞碗，从离地几尺的地方松手，一瞬间就将它们毁于一旦。我听着那些闯进我耳朵里的破碎的声音，意识到噩梦仍在继续。

正如我所想到的，"砰！砰！砰！"大锅小锅和碗盆一起遭殃，在寂寥的灯光下，被冷漠抛向虚无。

震耳欲聋的噪音在黑夜中揭露着令人惶恐的不安宁。

我告诉自己，这是身为这个家庭一分子所必须要承受的。

2

黎明破晓。

同往常的争吵打斗之后一样，一大早上他便会收到妈妈要和他离婚的消息。

这时他才懂得懊恼，当他接到那群狐朋狗友的电话时，会说："我不出去了！"然后恨恨地骂了句，"神经病，现在和我闹离婚呢！"

有时候受了伤是要自己疗养的，我的妈妈就是个很好的例子。她无数次地想要放弃他，放弃生活，可是为了姐姐和我，她一度隐忍，一次又一次选择原谅。

在那些她被打得满身是伤的日子里，在那些她无休止地抱怨这个破败的家的日子里，在那些她不得不以泪洗面的日子里，我的童年就像一架渐行渐远的纸飞机，载着我的小小心愿划过悲伤河流。

3

时间飞也似的逃离，我对他的怨恨像是一颗埋在土壤里的种子，在无形中慢慢生长。

他对别人家的小孩儿无时无刻不在微笑，而在我们的面前却一如既往地铁青着脸。

从小我就问自己，我是做错了什么吗？明眼人都看得出来他不喜欢我这个女儿。

明明是很小的一个过错啊，他的怒吼却像是一个号角，提醒着我的十恶不赦。

我对他没有崇拜，也没有尊重，盼望着他不要回到这个家，不要出现在我的面前。我全身上下装着满到快要溢出的畏惧和不安，只要他一回来我的心情就"唰"地一下无比糟糕。

我极少和他说话，这也是他心头的一个梗儿。很长一段时间我和他的交流停滞在了学校要交费上。

无论拿没拿到钱，我的下场不可避免地要经过一顿挨批。我忍着泪水走开，他又会很嫌弃地说我没出息，只会哭。

他从不过问我的学习，可能觉得这和他没有关系。我拿着成绩单让他签名的时候，他瞥了一眼分数，没有赞扬也没有批评。

他认为学校总是做一些无用的东西。我把大大小小的单子摆放在他的面前，他烦躁地动手摔椅子。

我委屈极了。

我认定他是不快乐的，这种不快乐他不会说出来，只依靠蛮力解决。

而我讨厌他是真的。

4

住在一刮风下雨就要倒塌的土楼里，他悭吝着他的责任心躺在床上呼呼大睡。

水已经淹进来了，妈妈纵使满腹怨言也只能不停地往外舀水，我和姐姐提着一桶又一桶的水往外倒。看着那个置身事外的一家之主，心都是凉的。

他不爱妈妈吧？我常常这样想。

小学时我没有写过诸如《我的父亲》这样的文章，但我会给他写信，偷偷地把写好的纸条塞进他的烟盒，告诉他喝酒伤身，赌博无益。

他读完后，冲我一笑，"小兔崽子。"

他偶尔也会和别人夸夸他的两个女儿，从他嘴里我听到的永远是很乖。

我有可以任性的权利吗？没有的。

小的时候他给我买了挂在墙上的小黑板，我很喜欢用五颜六色的粉笔在上面涂涂画画。他看见我的杰作，会说，字写得真好看。

有一回，我在小黑板上写道：世上只有妈妈好。是特意写给他看的。我不知道他有没有看见，姐姐命令我赶紧擦掉，我照做了。

倘若再给我一次机会，我希望他一定不要看见。

我听过很多亲戚对他说："现在你不对你的两个女儿好，以后别指望她们给你养老。"

他苦笑着不作答。

那时我尚且年幼无知，未曾想得如此遥远，如今想陪着他慢慢变老都成了一种奢望。

5

初中升高中那会儿，我迫不及待地把所有志愿全都填成莆田。妈妈问我为什么不留在仙游。我说，因为我不想待在家里。

初中他一次也没参加过我的家长会，尽管我的成绩还不足以让他丢脸，尽管我考了重点班的第一，他也不愿意去参加。这让我有些失落，我之所以努力学习只是为了和他暗中较劲，我想让他看见我的实力。但他却无动于衷了三年。

2013年，我去了四中。在那个还算不错的一级达标校里我进了奥赛班，并且享有免交学费和住宿费的特权。

他大概是那时候才知道我还不赖。

在他那群狐朋狗友正在绞尽脑汁着花大价钱送孩子上私立高中时，我去了我想去的地方，没让他操半点儿心。

渐渐地，生活趋向缓和。

我们搬出了那个岌岌可危的老房子，他不再把妈妈打得伤痕累累，脸上终于也出现了一点儿暖色。

6

我一周回一次家。他对我算是有了些关心，会担心我吃得好不好，穿得够不够。他开始对我大方起来，每个星期给我两百块钱的生活费。他走后，我数了数我的私房钱，有两三千。

临到周末，他会和妈妈说，孩子要回来了，去超市买些骨头炖汤，多买些水果。

妈妈和我说，你爸爸是爱你的。我听着很别扭，内心仍然会有些抵触。

我依旧不怎么和他说话。

等我收拾好行囊重新启航去学校了，我会和他说，我走啦。

他点点头。

7

他的头发总是留得很长，但都不会遮住他深邃的目光。十几年来我没有见过他平头。

曾经有理发师给他理得很短，他很生气，回来整张脸都是臭的。奶奶却很开心，一个劲地夸他看起来清爽干净多了，人都精神了。

他不相信，觉得老一辈人的审美不靠谱。

8

我上高二，他去参加我的家长会，仍然是那个不羁的发型，穿了一件浅色的衬衫，站在校门口显得很突出。我一下子就看见了他。

士琪和他打招呼的时候，他面无表情，没有一丝一毫的反应。

我有些难为情，和士琪解释，没办法，我老爸一直都高冷范儿。

到了教室，周围人指指点点的，开始议论起来，好像发现了新大陆一样兴奋。邹智伟小声地说，这谁家老爸？艺术家吧？

后来说他像拍戏的说他像建筑师的说他像室内设计家的层出不穷，反正没有一个人猜对。

我转告同学们的评价给他，他没有说话，继续往前走。最后我说，他们都觉得你看起来很年轻。他顿了一下，我看见他眼睛里倏地有了一丝亮光，就像一簇小火苗在绚丽燃烧着。

我送他到校门口。他侧了下身，"走吧，去吃饭。"

我摇摇头，摆手，"不用了，我自己等下再去吃。"

我催他赶紧回家，因为有他在的地方我总是感觉不自在。我们的父女关系冰冷得如同一张白纸，苍白得写不出"温存"两字，也好像怎么都填不满。

但他走后，我又开始后悔，我想那时如果我没有拒绝，那么现在我的回忆里就会多了一样东西。

9

他也算是一个老板吧。买了一辆大货车，雇了几个工人，运货卸货，成天在外奔波，见过很多人很多风景。

他很瘦，但力气应该挺大的，不然也不会从事这项职业十几年。

以前有个肥头大耳的胖叔叔说他的货车是整个长安村最大的，他自豪得不得了，猛灌一口啤酒，喜形于色。

他的收入确实一直都挺可观的，但他就是有能耐在外面到处欠债。

在他十九岁的时候，他就自立门户经营了一家鞋厂，后来因为屡次拖欠乡亲们的工资就倒闭了。

前几年，他着手打造了塑料厂，聘请了村里的数名员工充当他的小伙计。妈妈受其困也只好加入其中，毕竟家人之间要相互扶持、相互支撑。

于是，妈妈开始了没日没夜的辛劳。

10

他从来没有给别人打过工。他身上有一股浓烈的傲气，但同时他又是自卑的。我不明白，也解释不来。

他是能吃苦的。

当夏天的太阳无极限地烘烤着地球表面时，他依旧会站在车厢里汗流浃背地忙碌着。我看着他紧皱的眉头在烈日当空下凹成了一份担当和责任，这才意识到，其实他也在改变，他在变老的同时也成熟了。

为了遮阳，他给自己配置了好几顶帽子，蓝的、黑的等等我已记不清，总之款式单一，推崇简单。坦白讲都很适合他。

他从来不会亏待自己。在冬天悄然来临的时候，他已经去商场里把围巾买回来了，真的也就只买了自己的。但是直到冷风萧瑟，他一次也没有戴过。

有时候他会和我开玩笑道："来，一起来卸货。"而不是亲昵地说："来，帮爸爸一起来卸货。"就这样随意地省略了谓语和宾语。

同样地，我也没有叫过他一声"老爸"，从来没有。

11

我长大了，他不再让我给他跑腿儿买烟了。

他抽烟没有节制，说了他也改不来的，我懒得说他。

前两年，他买了一套茶具。从那时起他开始热衷于泡茶。妈妈说这是一个好习惯。

可他还是吃很少的饭，光喝酒就饱了。

他觉得他的身体没有问题，即使肚子一天比一天疼，脸色一天比一天差，人一天比一天瘦了。

妈妈说，去医院吧。

他固执地不肯去。

我说，去医院检查一下吧。

他说，好。

结果还是没有去。

再后来，他的哥们儿执意要陪他去医院，他去了。

他没心没肺地笑着，事不关己地以为自己绝对不会有事。

他错了，他得了肝癌。

家里人都瞒着他。他开始吃好多的药，挂好多的点滴。

他住院的日子里我没能去看他。我只听说，后来他回家疗养了。

姐姐打电话给我的时候，我正在食堂吃晚饭。

听完这个噩耗，我的泪像断线的珠子一样"啪嗒啪嗒"往盘子里掉。

我那个凶死人的爸爸啊，就要这样子离开了吗？

12

在他生病的那段时间，他天天躺在床上看电视，看累了就睡一会儿。

我坐在旁边的椅子上，眼睛盯着电视屏幕，心里却在想别的。

妈妈说，和你爸说说话吧。

可我是真的没话说。

每天都有亲戚朋友来探望他，他应该也预测到了什么，我怕他伤心。

有时候他呆呆地看着他拍的X光片，拿起，又放下。

他变得越来越沉默，这不像他。

家中的气氛沉重得让我很难受，妈妈一遍遍地抹眼泪，奶奶难过得吃不下饭，姑姑红着眼嘱咐我要好好学习，伯父无奈地叹着气。

13

一个月内，他的身体以指数型函数的速度恶化着。

突发吐血的那个晚上，我连忙从学校打的回家。

大厅里围了好多人，稀薄的灯光下，他躺在席子上，虚弱地闭着眼。几天不见，疾病将他折磨得憔悴不堪，瘦得骨头清晰可见。那样苍老的一副容颜，我第一次见。

妈妈对他说，你二女儿回来了。

他低声说，我还没死，叫她回来干什么。

我冲进房间抱头痛哭，姑姑拍着我的背安慰我，然后也哭了。

14

我回到学校，一两天给他打一次电话。拨打的是他的号码，接听的总会是妈妈。

因为他连摁手机的力气都没有了。

我问他，吃饭了吗？

他觉得很烦，他一天要重复着回答许多人这个问题。

可我只剩下这种最简单的问候了。

我问他，还难受吗？

他说，嗯。

声音小到我听不见，他就会在电话那头用力嘶吼。

我分外心酸。

最后一次，等我再打电话给他的时候，他都没力气说话了。

妈妈哽咽着说，你说吧，爸爸他听得见。

我说，爸，你要好好的啊。

15

2016年1月16日早晨五点，他彻底地告别了这个世界。

姐姐发来的短信只有四个字：爸爸没了。我坐车到了路口，疯也似的跑回去。

时间定格住他的体温。我紧紧握着他冰冷的手，年仅四十一岁的他，终于再也不用遭受癌症的痛楚，可以安稳地睡一个好觉了。

老爸，我想你了。

不要问我哭了没有……

冬　春

骆　阳

森　铁　街

初升高三，我被开除寝籍。

夏末的午后，阳光依然在窗外肆虐。靠窗的女生皱着眉头把英语卷子上的括弧一个个填满，班主任站在讲台上敲击键盘的声响在安静的教室显得格外刺耳。

时间就这样毫无声息地在校园上空溜走。放学的钟声穿过闷热的空气钻进同学们的耳朵，班级像是一锅热水终于在良久的压抑之下不安地沸腾起来。同学们摩肩接踵地冲向食堂，而我只能回寝室打包行李然后默默滚蛋。

很快，教学楼冷却了下来。我拖着沉重的步伐迈下一阶楼梯，年久斑驳的墙壁上散落着午后的阳光，我不知道它们的温度是冰冷还是灼烫。

太阳把苍穹涂上橙黄色，校园高大的杨树在清风里窃窃私语，几朵云恍恍惚惚地飘过天际。

我把床铺上的薄毯和沾满汗渍的床垫卷进皮箱，写字桌上的散文和小说被我一本本随意地铺在皮箱顶部。我拉上皮箱迟钝的拉链，长长地舒了口气。

我一只脚踏出寝室的时候，仿佛听到有人在叫我的名字。我转过头，只看到空气里浮动着的灰尘和窗台上那盆默默无闻的仙人掌。

看来是我自作多情了，这个时候能出来宽慰我的人根本不存在。我走近窗台，双手轻轻捧起仙人掌，然后不疾不徐地把它丢到楼下。

花盆碎裂，闷响之后，世界更加寂静。

出了校门，我径直走到54路公交的站牌下面。站牌依偎着一棵高大的枫树，枫树偶尔会降落几片墨绿色的手掌状的树叶，树叶落到地面的声响被我细致地记在心里。

用我铭记这个世界对我深深的敌意的力度。不疾不徐，但却掷地有声。

五十四路载着我和我的疲惫沿着小城的对角线几近穿越了整个小城。森铁街北巷巷末的大院是我的新住处，房东是个脊背微驼的老爷爷，他在自己的院子里摆满了五颜六色的月季。我拽着死沉的皮箱走进大院的时候，他坐在藤椅上拿着蒲扇指着我说，你个臭小子可终于来了。

说起来，我和老爷爷还有点儿亲戚，他是我姑妈家的表姐的爷爷，所以我一直随着表姐叫他爷爷。自他退休之时，就在小城最偏僻的森铁街买下了一个大院，过起了栽花培草的生活。姑父姑妈曾经想让他搬到市里住，但被他拒绝了。

走进老爷爷宽敞明亮的大瓦房，看到了两个和我一般大的同学。客厅里，他们安静地坐在一个圆桌旁，男生在用一支墨蓝色的钢笔神色端正地写着一本字帖，女生则对着一道三角函数题目苦思冥想。看到我，他们两个冲着我露出和煦的微笑。

宝 字 盖

繁星点缀在缥缈银河，墨色的树影幽然地映在卧室冰凉的水泥地面，时间兀地放慢行进速度，黑夜被窗外旋转的风拉扯得无限冗长。

高中以来,除了寝室和几十里之外的家,我还没有在其他地方住过。黑暗似乎卷进了我的胸腔,它幻化成翻腾不止的浪潮一下下击打着我的困意,我的生物钟被严重干扰。

我起身到沙发上找到书包翻出我的随身听,我把耳机塞进耳蜗的时候,那个男生在床上翻了个身。

我吵醒了他。

他侧着身子手支着头说:"我有周杰伦的磁带,你听吗?"

我蹑手蹑脚爬上床说:"你快睡觉,我只是学一会儿英语而已。"

他一把扯过我的耳机说:"那我也学英语。"

后来我了解到,他叫宋漠,比我低一级,在森铁附近的松华中学念书。他姐姐叫宋怡雅,那个数学一塌糊涂的短发女生就是,她也在松华念书,和我同年级。

后来,我们三个人就在同一时间出门上学了。宋漠和宋怡雅只需要穿过两条街便可到达学校,而我需要坐公交车颠簸将近半个小时。他们两个出门的时间是根据到达松华中学所需的时间而计算的,我同他们一并出发当然是要迟到。

我双手插兜戴着耳机不以为意地走进班级的时候,班主任已经在讲台上放听力了。有时候她忍气吞声继续她手里的事情,有时候她忍无可忍冲着我吼说不准戴耳机进班级不准穿破牛仔裤。

无论她怎么样,我都不理她。无视和沉默一直都是最有力量的反击。

高秦坐在我后面,他总是用中性笔尖戳我的后背让我把音乐调小点儿声。无中生有真的是他的看家本领,我同桌都没听到我耳机里的声音,他却可以听到。

倘若我穿了一件白色的衣服,我就会毫不犹豫地把他的中性笔抢过来飞进班级最后面的垃圾桶。

每当我跟宋漠讲这些的时候,他都会拍手叫好,他说他从小到大被欺负没反击过一次。我说，适当的容忍要有，适当的反击固然也要有。

宋怡雅总是过来告诉我不要教她弟弟打架。我说："我没有在教你弟弟打架，我是在教你弟弟变得更男人。"

宋怡雅说："这个难度有点儿大，你还是先给我讲数学题吧。"

我问："我为什么要给你讲数学题？"

怡雅说："因为你摊上我了，这个是缘分。"

我想了想，拿起她的中性笔在草纸上画了一个三角形，说："那么我们先来看这道题。"

安信禾、宋漠、宋怡雅。

一个宝字盖把我们拢在一起，然后紧紧地罩在我们的上空。我们曾经几乎无处遁形的青春终于有了安身之处。

仙 人 掌

秋末，太阳西落的时间提早了许些，北方上空覆盖着风吹不散的冷气。青灰的飞鸟时而连成一条直线消失在暗淡的地平线，时而遮挡住一片迷茫的天。

我揣着古老的随身听，李志声线模糊地唱着《下雨》，厚重的黄叶琐碎了一地。我在冰凉的雨里，拾起我曾经丢弃的仙人掌。

它固执地把根扎进楼底的花坛，和那些妖艳的花朵争相汲取土壤中珍贵的养分。

我把它轻轻挖出来，带回森铁。到院子的时候，我笑着跟爷爷说："我给你的月季们带来了一个伙伴，它们都带刺的，也算是亲戚。"

爷爷笑了，没说什么。他总是这样冲着我微笑却什么也不说。

雨滴落在瓦房铁质的房盖上，响成一首旋律杂乱的歌。口中呼出去的气体，遇到这样的秋色，惶恐着缩成一个个小水滴，并且从此有了模棱两可的色泽。

我站在房檐下望了望西山，它孤独地卧在世界尽头，沉默寡言。

我从卫生间扯了条毛巾盖到头上，宋怡雅如往常一样在那里做着一道道难得不留一点儿情面的数学题。

宋漠站在窗前，字帖被他丢在圆桌上，那只灌了墨蓝色钢笔水的英雄钢笔不知道去了哪里。他跟我说他不知道他爸妈什么时候回来。

我说："快了。"

他问："你怎么知道？"

我无法回答他的问题。

他的瞳孔缩放了一下，表情漠然。

爷爷和我说，宋漠的爸妈原来是开腌制品厂的，前段时间由于某些环节出了问题致使一些消费者食物中毒，然后厂子就倒闭了。宋漠的爸妈去外地避风头，把宋漠和宋怡雅暂时交给爷爷照顾。

爷爷是个善良的老人，也是个难得的好邻居。

我跟宋漠说不要担心，一切都会过去。宋漠面无表情地说我根本什么都体会不到。我知道他是在说我站着说话不腰疼。

冬天很快就来了。萧索的世界不容一星半点儿的温暖置身休息，爷爷的月季花被搬进了温室，却还是逃不开凋谢的宿命。

爷爷说用不了多久它们就会再次开放。我望了望被搁置在角落里的那盆仙人掌说："可是它却永远也等不到绽放的那一天。"

爷爷点燃了他的烟斗，拍了拍我的肩膀，长长地叹了一口气。

或许我们都不喜欢冬天，飘雪固然美丽，但那都是寒冷的预言。

那　灯　火

晚修过后，我背上书包走出学校。狰狞的晚风在身后空旷的操场呼呼作响，几盏灯火隐隐地在远处闪烁，说不定风再大一些，它们就会全然消亡，寒冷永远不会管它们有多么谄媚。

我缩手缩脚地往公交站牌那里走,看来班主任不让我穿破牛仔裤是有道理的。耳机里依然播放着我最爱的音乐,可是此时我却无法用心欣赏。

安信禾——一条嘹亮的声线刺破浓稠的黑夜穿过我的耳机。

我激动地叫起来:"小漠,怎么是你?这么冷出来干什么?"

宋漠明朗地说:"我来接你啊!"

我看着他在几近凝固的空气中变化的嘴型,感动得久久说不出话。

宋漠说:"你还站在那里干什么?快走!"

我说:"好。不过小漠你走错方向了。"

宋漠说:"没错!你跟着我就好啦!"

我跟上宋漠。他在我前面飞快地走。我看着他的背影,心里的感动良久不散。不过宋漠越来越偏离正确的回家方向了。

我说:"宋漠,应该是我带着你走吧?"

宋漠偏过头对我说:"是吗?"

我疑惑地看着他。当然是这样,我当然要比他要熟悉这里。

一阵寒风攻城略地般地吹过来,视线就这样猝不及防地模糊起来。我突然感到我的脖颈被人钝击一下。

是宋漠,没错。

我瞪大眼睛看着他,我的眼睛是在向他说,你打我?

又是一拳。宋漠毫不犹豫地。

我攥紧拳头。

宋漠眼睛里散射着蓝绿色的光芒。又是一拳。

我忍无可忍,就像我跟从前的那个宋漠说过的,容忍后的反击是一定要有的。

可是没等我这样做,宋漠的身后就出现了一伙人,他们不等我开口就把我按倒在地。

我的头,我的膝盖,我的肩膀……一阵阵疼痛。但是这些疼痛一点儿都不尖锐。我真正疼的，是那个时刻不忘跳动的位置。

我躺在地上，感觉到头上有一股暖流在汨汨流淌。我想，到底有多久没有下雪了呢？只是入冬的时候下了那么一场而已，直到现在。世界真的太肮脏了，我需要一场洁白的雪将其死死掩盖，我不管寒冷了。

我眼睁睁看到深冬的冷光，掠走世界最后一抹温存。风似乎在嘲笑，我的虚弱。没什么话能够说出口，这样一个人在干瘪的青春里思考，思考为什么明明黑夜很快就会过去，可是我还是会流泪。我细数着自己缥缈的步伐，我一步步走向前方未知的荒原，我看到寒冷的火焰将我吞噬。我怀疑我是不是自己，是不是真的来过这个虚无的世界。

现在，我什么都不想要。我只想要一场毫无顾忌的雪，和一双不会远眺的双眼。因为我真的怕了那锋锐的孤独，和说过此生陪伴我最后却也离开了的微光。

绘冬春

我家在距离小城八十里的一个小村庄，爸爸妈妈当了半辈子农民，却突发奇想想要经商。

他向我家邻居老高借了一大笔钱倒卖大蒜、大白菜、胡萝卜、芹菜这些农副产品。

年初的时候，他们结识了一个大客户，这个大客户在小城里开了一家腌制品厂，需要大量的大蒜和大白菜。可是在爸妈第一次倒给他们家一批原料之后他家就出了一个很大的事故。

客户找上家门的时候，爸妈他们逃了。

我一直搞不懂他们为什么要逃，我不相信大蒜和大白菜原本会有问题，我觉得一定是腌制过程中出了什么差错。

爸妈一逃，老高慌了神，老高一慌神，他儿子高秦也跟着坐立不安。

高秦开始处处为难我，尽管我们有十多年的交情。他在我床垫底下塞烟头，然后我被学校赶出寝室。他走到宋漠跟前说，就是他，他爸妈卖给你家厂子有问题的原材料。

我说："宋漠，你要相信我。"

我说："怡雅，你得听我解释。"

可是到头来只有残损的风在听我解释。

那么，我该如何挨过这个让人无可奈何的季节呢？

我塞上耳机，随身听嗞嗞啦啦地播放着消沉的音乐。随身听被宋漠砸得快下岗了。

井北模糊地唱着：你在冬天沉默／唱一首名不见经传的歌／也在冬天幻想／期待春天来到融化琥珀／不会再说／有什么人陪你叹花凋落／你只身留在冬天里／会不会开出春的颜色。

我抱起我的仙人掌拉着我的皮箱逆着黄昏瑟缩的流光走出大院。爷爷并没有挽留我，或许现在在所有人眼里我都是一个不折不扣的骗子。骗取同情，骗取住所，骗取温暖。

爷爷叫我到他家住，或许只是看在姑妈的面子上。

天色晚了，夕阳在颓败的地平线上燃烧成了一缕深红的灰烬，一架飞机无声地划过头顶苍白的天空，驶向另一片老气横秋的荒芜。

我想此刻我应该先去吃一碗面条，多加点儿辣椒。然后我要给爸爸妈妈打一个电话，问他们现在到底在哪儿？是不是在家？有没有想我挂念我？

我也想在寂寥的冬绘出一个春，好安安静静地在那里面待上一会儿。

我们曾经共撑一把伞跨越了山和大海

林夏尔

半夜两点，点开半死不活的企鹅，看到程远初刚改了个性签名：南国无雪。只四个字，我却看了心酸，看着窗外的漫天飞雪，突然就想起了我和程远初的高中时代。

"阿圆，阿圆，今天就高三了哦，以后要去哪里上大学呢？""杭州，浙大。"脱口而出的答案。"程远初，你呢？""北航。"你北我南，记忆还那么清晰，如今我却被大雪阻碍出不了门，而你，自小生于北方、长于北方的程远初跑去了我赵亮圆深爱的烟雨江南。南北不变，只是你南我北距离不变，可我们却再也回不到从前。

远初，远初，远方的程远初，我们能否安然如初？

我和你撑一把伞

时间再往前推。高二，转到程远初他们学校，9月1日，秋雨连绵的时节，没带伞，裤腿儿早已满是泥水，还是迟到了，索性也不再着急，慢悠悠地晃到校门口。"同学，让一让！"突如其来的声音吓了我一跳，赶忙躲到一边，但还是被自行车溅了一身水，反正已经脏了，就没太在乎继续往前走。"喂，同学，弄脏了你的衣服对不起，我送你到教室吧，你等我。"说完他把自行车往校门口一扔，"同学，走！"为可怜的山地车默哀三秒,看着撑着伞走过来的他,我彻底呆了。"同学,走了,愣啥,你哪个班的?我没见过你。""呃……我不叫同学,我有名字,我叫赵亮圆,今天刚转校来,高二(16)班。""嘿,姑娘,咱俩同班,你干脆等我吧,我去安抚一下我的坐骑。"说完他把伞扔给我,又跑了……我站在原地,感觉……今日……天雷滚滚。

两人一伞,雨中……漫步,等我和程远初来到班门口,第一节课都开始了,早读,都陪这奇葩逛操场了……我硬着头皮喊报告。"新转来的同学,刚转来就迟到,注意一点儿,行了,自我介绍吧!啊,还有,程远初,你晚上就不要熬夜复习了,多睡会儿!"我默默地一边碎碎念"原来这家伙叫程远初",一边在心里把这个可恨的……学神骂了无数遍。反应过来之后我开口道:"大家好,我叫赵亮圆,请多关照!"

"关照不关照的以后再说,你先告我你为什么叫赵亮圆。"又是程远初那活宝,我红了脸,淡淡地说一声"下课告诉你"。下了课,我走到程远初桌子旁:"程远初,我叫赵亮圆是因为我生在农历十五,月亮又亮又圆……"程远初呆愣了半天,笑得惊天动地,足足笑了三分钟,他拍上我的头:"阿圆,你个木头。"

日子就这样每天在程远初没完没了的"阿圆你个木头,阿圆你个呆子,阿圆你个……"中如流水般逝去。

那是我们爱过的片刻

分科前一天填草表,我看着我二三十分的理科,再看看还过得去的史地政,回头又看了看咬着笔头刷物理题的程远初,一咬牙,一跺脚,一狠心就填了理,义无反顾。从此再也不看分科表一眼,认命地做物理。我不后悔,因为这种事谈不上放弃,我要想选文其实没人拦得住。

也就是那天晚上,我被程远初拉着逃掉晚自习,坐在操场边上看月亮……他一听啤酒我一听可乐，他也不看我，死命地灌酒，喝呀喝呀，喝得流了一脖子，然后叮叮当当地把易拉罐扔出老远。他突然一把抓住我说："阿圆，你看，今天的月亮真圆啊。"

我抬头看看天上的弯月，捶他："程远初，你个傻子。"他好像突然累了，把头埋进臂弯里说："阿圆，不是的啊，今晚的月亮真……美。"我说"是啊是啊"，一仰头喝掉最后一口可乐，也扔出去老远。"程远初，你个傻子，阿圆小姐学理了！"我觉得那一刻呆愣的他是罕见的反应迟钝的程远初，他就那么恍恍惚惚死命抱了我一下然后就跑开了，他跑出老远我仍能听见他的笑声，我也笑，抬头看看今晚的月亮，我想，月色真的很美呢！

没想过那只是一场短暂的焰火

阿圆小姐的理科真的烂到人神共愤，老师都已经放弃了，只有程远初每天还是"来来来，阿圆，我给你讲题"。每听会一道都有好时巧克力吃哦，水滴形状一度是我的最爱。这亏本买卖程远初做了很久很久，就这样两个人小打小闹地敲开了高三的大门，于是也便有了开头那一段我和程远初谈及理想的对话。怎么说呢，我的理科有程远初不离不弃地在监督，也没有多大的实质性改变，仍是个半吊子三本。

高三。体检、毕业照、一模、二模、三模也就那么兵荒马乱地过来了，高考也仍是那个样子，正常发挥。离校的时候我在熙熙攘攘的人群中看到了程远初，他回头，说了两个字，浙大。我摇头，回给他两个字，北京。然后倔强地不再看他，向反方向走去。

我以为，他懂。

报完志愿，鸡飞狗跳的家终于安静了，北京的三流院校，满脑子都是开学给程远初一个惊喜，也没再多想，真的在家当起了宅女。一个月后，开学报到，也就是那一天，我和程远初乘两列火车擦肩而过，我北上，他南下。我以为以我的倔强或我们的默契可以让他妥协，只是，我们没有心有灵犀。

这件事无关对错，无关谁为谁放弃什么，只是，最恨不过擦肩而过。我们倔强得不再联系，只是从他人口中听到对方的消息，然后淡然一笑。

时光流转，回不到从前

回家过年，参加同学会，旁边是被厦门的好山好水惯坏了的夕尽姑娘，耳边她侃天侃地说的全是关于鼓浪屿的事。我远远地在觥筹交错之间看着程远初，江南水土养人，可他依旧是当初的模样。大家都喝得东倒西歪，程远初摇摇晃晃地过来，挤开了夕尽姑娘，夕尽白了他一眼，丢给我一个"回头找你算账"的眼神不带一片云彩地飘走了。

我看着程远初，终于开口："远初……"已是带了哭腔。他抬眼看我，敲了敲我的头说："阿圆，你怎么就那么倔呢？你愿意为我学理，我为什么就不能陪你去江南呢？"我看着他，死鸭子嘴硬："谁说是因为你……"他抬手指指天花板，含糊不清地说："阿圆啊阿圆，今晚月亮好美啊。"一如当初，我笑出泪来，抬手捶了他。明明是天花板，哪有月亮？他说："是啊……那么美的月亮，再没有了，再也没有了。"说完就走了，留给我一个萧索的背影，再不回头。

晚上回家，走在路上，抬头，是一片黑漆漆的天，繁星点点，却不见月亮。

不诉离殇

又是一个漫天飞雪的冬天，我窝在宿舍看杂志，随手一翻，《爱的含蓄》。故事讲一个英国男孩儿问一位日本禅师和一位诗人："你们说过I love you吗？"禅师和诗人一齐摇头，诗人说："要我说顶多是愿逐月华流照君。"禅师点点头："爱要含蓄，要我说就是，今晚的月色真美啊……"

原来，我从来都不能怪爱的含蓄，只能怪我的迟钝和倔强。

我像疯了一般翻遍通讯录，却再也找不到彼时的少年，原来，同学会后，我们就默契地删掉了彼此，今夜，依旧无月……

程远初，我们共撑一把伞跨越了山和大海，但人山人海之间，我终是丢了你。这曲少年歌，时至今日，终是散场，不诉离殇。

自卑患者

蒋一初

2009 年

刚上初中时，朋友祝跟我同时喜欢上文字，后来我想，那时根本不叫喜欢，写文章只是小女孩儿想要对自己心中刚刚泛起的种种情愫做一次宣泄。但就是这种非正式的文学体裁，祝驾驭得极好，而我，低了她好几个档次。

祝的文章极具画面感，在文章里，她说她全身冰凉，我能感受到她的无助；她说她开心，我能想象出太阳刚刚照进窗户的那种暖洋洋的感觉。可是我却只能干巴巴地无病呻吟。

我是一个没有多少天赋的人。

刚刚步入青春期，有点儿才情的女孩子都喜欢摆弄文字，写在漂亮的本子上，字迹稚嫩但是整齐。我的很多同学都会写一些关于青春的小文章，我也会，但是我写得没有她们好。她们的本子会在整个班级传看，包括祝的，但不包括我的。我会害怕大家看到我在写作，我害怕大家看到我的文字。

因为我自卑。

初中二年级，班上有两个女生是公认的才女，一个是婷，一个是琦。

婷的英语是全班第一，她能写一手好文章。那时候，婷可以写出"阳光被割裂成细碎的模样，撒了一地斑驳"这样美好的句子。而我却不知道如何形容地上深一块浅一块被太阳留下的痕迹。琦是班长，小学六年级时她的老师就说她的作文水平比得上初三生。在一次班委的自我介绍中，琦说她的生命是由文字堆砌成的。我惊呼她怎么会用"堆砌"这个词，用得这么妥帖、恰当。

没有人知道我在写作，我不会告诉任何人。每周五的晚上我会放掉作业，从七点写到十点。我只是在写作，不抱任何目的地写作。我希望可以追逐祝、婷还有琦的步伐，我想要自己也写出那样美得让人窒息的句子。

不到一年，我写完了一整本软面抄，那些都是我用一个又一个夜晚创作出来的，那些文章也让我稍微有了些底气。

2010 年

2010年3月，受到《中学生博览》上一篇文章的影响，我心血来潮想要写文章投稿。我写的是我与祝的故事，写完之后没有修改就直接按了"发送"。元博编辑的自动回复告诉我，我已经投稿成功。这是我写的第一个正式的故事，有完整的情节、人物刻画以及心理描写，我想那可以被称为小说。那篇文章叫作《我的公交情怀》，时间久了，我便忘记了投稿这回事。

2010年7月，我接到了同学佳的电话，佳告诉我，我的文章在《中学生博览》7月B卷上发表了。我这才记起我投过稿子，只是我用的是笔名，佳怎么会知道那就是我？后来佳告诉我，文章里的每一个人物她都能找到与我有关的影子。我想这便是《中学生博览》的用稿标准，真实、贴心。

我买到了那本杂志，文章的题目被改掉了，改成了《即使是路人甲，相遇也要珍惜》，但笔名是我的，那时候我的笔名是"树一"。树一是有含义的。我最喜欢的词是"纯粹"，"树"取自"删繁就简三秋树"，"一"则是最简单的一个汉字，我追求的是最初、最纯粹。

这便是我的处女作了，单纯不做作，但确实找不到什么华丽的句子，有好几处地方元博还帮我做了修改。我打电话告诉佳，不要告诉任何人我发表了文章这件事情。

因为我自卑，我怕大家看了我的文章笑我写得不好，我自动屏蔽掉了这篇文章是从数不清的稿件中被编辑选中的事实，我被自卑遮蔽了双眼，我只想写得更多，得到更多的肯定。

我踏上了给杂志投稿的路，跟定了元博编辑。

2011年

一次作文课上，语文老师读了我的故事，得到了大家的掌声。语文老师说我非常有潜力。只有一句评语，足以让我高兴得发狂。后来语文老师又读了婷和琦的文章，给了大段的评价，还让同学们讨论她们文章中写得好的地方。我不解，为什么只给我一句干涩的评语？这让之前那句"非常有潜力"无力得像一句谎言。

初中快毕业了，我的文章开始显露自己的风格，看似简单的故事总是会隐喻着浓烈的情感。我在作文本上写小说，老师给了我中等偏上的分数，但对比于其他同学的评语，我的评语单薄得在风中瑟瑟发抖——我看不懂你的文章。我确实瑟缩了一下，我甚至不知道自己这样做是不是对的，追求我爱的文字，坚持我的风格。

中考前夕，元博联系到了我，她邀请我做客"TA生活"，让我分享我的生活。时隔一年，我的第二篇稿子被发表了。在这一年里我得到的质疑足够湮没我的坚持，但我还是在不停地写、不停地投稿。自卑刺激着我柔软的心，我下笔写的每一个字都是坚定的，我用力地写、用力地坚持着。当我接到元博的邀请，一切不甘都烟消云散，我觉得我是对的。

从那时开始，就没有任何人、任何情绪能够阻挡我写作。写作从一开始的感情宣泄上升成为我的梦想。

2012 年

中考过后，祝、婷和琦都考取了一中，而我却只能退到这个世界看不清我的地方。我尝试着让自己变得优秀，可越来越难的数理化将我凌辱得体无完肤。我放弃了，我想我注定是个平凡的人。或许有一天她们会变成作家，但我却只能被打败。

从一月开始我频繁地过稿，一连四个月都有我的稿子被刊载，隔了两个月，又是连续地过稿。我开始被《中学生博览》的读者们熟悉，也跟元博熟络了起来。我写的都是我的生活，一个个真实的故事占据着我的过稿目录。

朋友问我是不是每天都会被读者们围着问这问那，我支支吾吾不知道怎么回答。因为根本没有读者来问过我。我隐藏在写手群里一句话也没有说过，跟《中学生博览》的联系就是不断地投稿、过稿，我从来不会在论坛、贴吧里说，我是谁，你们有什么想问我的？

还是因为自卑，我写的小说从来都不会发表，而通常受欢迎的都是写小说的作者。我固执地这样认为。

有一段时间，我甚至嫉妒起会写小说的作者，我讨厌他们抢了我的风头，我讨厌他们的粉丝比我多。虚荣心像是刚刚发酵，以极快的速度占据着我的心房。我的目光瞅上了"红人馆"，只有红人才能接受的专访。我等了一年都没有等到，失落和期待交织成一张密不透风的网，把我狠狠地罩在里面，空气中只有虚荣和偏执。

2012年我发表了十篇文章，这些文章给我垫起了一点儿高度，那高度远远盖不住我的自卑。

2013年

我依旧在不断地上稿，跟我同一时期的作者们都已经为了学业销声匿迹，一批又一批新的高产作者诞生了。我还是近乎透明地存在于写手群里，因为我把笔名换成了"蒋一初"，更像本名的笔名。我开始塑造一个新的作者形象，我希望自己的文字更加成熟。

七月份，编辑找到我，并邀请我做客九月的"红人馆"。那是我曾经发了疯想要登上的舞台，但真正得到了，我却不怎么想要——我害怕自己会失去目标，尽管这个目标挺俗气。

我就是个俗人，从一开始漫无目的地写，到追寻梦想，再到后来想要一些名气，我变得俗气。当我买到当期杂志，看到我的专访，那里满满的都是我曾经的成绩，我大悟——物质会毁了梦想，会毁了一个人。

虽然说大俗即大雅，但我还是不想让自己毁在自己手里，我清晰地感觉到面前的一切都变得模糊了，而不是最初时那般清澈的模样。树一、蒋一初，均代表着纯粹，都是我一心想要追寻的终端——不骄不躁，始终如一。

我开始写而不投，钻研适合自己的写小说的方法，我沉淀了一些日子，但并不代表着我中断了写作。2013年是我转型的重要一年，本子上一篇篇小说文静、细腻得比秦淮河的水还要温柔。我不再写生活中琐碎的细节，而是更多地去关注小说中的每一处细节的完善。

这一年元博为了她的梦想开始奔跑，我开始为自己寻找下一个编辑，和元博一样喜欢高跟鞋、花裙子的围子成了我的第二个编辑。我像一个刚刚投稿的新作者，跟随在围子的身后，我能感觉到，这样不骄不躁才是我要追求的，才是属于我的。

2014 年

元旦之后，我收到了来自《萌芽》的挂号信，我入围新概念了。

拿了一等奖回家之后，我把自己的初赛文又重新读了几遍，感觉还有地方需要修改，但是确实比以前写的华而不实的东西厚重多了。当年写作水平比我好的女孩儿们早就不再坚持写了，倘若要成章，便是件难事了。

我投稿很多年，一直没什么目标，直到后来，围子告诉我，我的风格是非常不一样的。每个人都有自己的风格，而我需要做的就是让别人一看文章就知道那是我。

我一直很自卑，不知道从什么时候开始，我害怕跟别人聊成绩、谈特长，因为我比不过人家。写作是没有门槛的，只要你有一支笔就可以创作。我没有告诉任何人，孤身踏上了这条路。没有人知道，所以没有嘲笑，相反我得到了编辑们的鼓励与支持。我一直写、一直写，写了四年多，从初二到高三，从元博到围子，从树一到蒋一初，从TA生活到红人馆，我从未间断过写作，从未放弃过。

我很自卑，但是写作给予了我一些成绩，让我在众人面前看起来光彩熠熠。当我得知七月合刊在征集关于成长的故事时，我便一个字一个字地记录下了我的写作历程，因为我知道，像我一样的逐梦者还有很多，而他们太需要一个事例激励他们抓住梦想。

我是蒋一初，十年后，我还在写小说。

谁不曾在寝室掉眼泪

宁永硕

高中印象最深的就是换寝室。从高一时的临时寝室到文理分科后住的寝室，再到搬去高三住的寝室。其间，我们换了很多间寝室。很多人换进来了，又有很多人换出去了。就这样我们为换寝室开心，也因为离别而暗自伤心。

如果有些人相处出现矛盾，也会调整寝室人员。仿佛那就是一扇神奇的门，我们在一扇门里伤了心就换到另一个地方。然而有些记忆是无论你经历了什么或过去了多久都不会更改的，相反它会一直鲜明而耀眼地存在于你的脑海中，跟着你直到你也消失。

那个时候，我们最羡慕的就是高三的学生，因为他们住的那栋楼是最新的，设备齐全，水电不断，而且还是四人间。不像我们六人间，洗澡要排队，洗衣服要抢位置。走廊窄小丢满垃圾，虽然打扫卫生的阿姨每天都会扫干净，但仍然会散发异味，平时都要屏住呼吸迅速跑过去。特别是到了夏天，寝室上面只有一台很旧的电风扇，呼呼作响根本起不了任何作用，寝室简直就是烤炉，感觉这空间六个人根本不够用，汗水的味道让人作呕。那个时候，我们就望着高三楼，希望时间能够走得快一点儿，快点儿搬去那栋崭新的宿舍楼。

后来我们终于升入了高三，和几个玩儿得好的同学商量一下住了一个房间。没有矛盾，没有争执，没有讨厌的人，突然觉得高三是这么美好。还有就是我们一年后终于要离开高中了，去迎接美好的大学生活，单单这样想着的时候就觉得特别兴奋。

高三开学的那天早上老师说傍晚搬寝室，我们一阵欢呼，一直都在期待那一刻的来临，而班上的女生早早就预约跟自己玩儿得比较好的男生去寝室帮忙搬东西，两年的东西加在一起的确需要人帮忙。我与班上的女同学关系都好，她们自然都跑来问我有没有空儿，而当时的我嘴拙，竟然没有说出一句中听的话，以至于后来发生的事更是一言难尽。

其实，也不知道那个时候是什么心理，我本来是可以把事实告诉她们的，可是看着她们无比灼热的眼神，我还是把自己正在发烧的事瞒下了。然后说，待会儿再看喽。可是，那些女生却个个一脸鄙视，纷纷对我说你真不够意思，以后不理你了。

那种语气让我很受伤，或许是自尊心作祟，傍晚下课后我忍着头痛去给她们搬东西，而那些满口答应得很好的男生却搬一趟就开溜了，只有我跑上跑下，一直帮她们全部搬完，才回去搬自己的东西。

高二的寝室在六楼，高三的寝室在三楼，两栋寝室之间还有很长的一段距离，跑了两趟，我感觉自己都快要晕倒了，累得满头大汗。我应该感谢那个时候的室友，他们已经顺带帮我搬了些东西去高三的宿舍楼。

搬寝室的结局就是，我晚上是在医务室度过的。室友下晚自习过来看我，打趣我为了女生如此勇于牺牲自己，我哭笑不得。后来有女生问我，昨天晚上怎么了，我什么都没说，或许这就是性格别扭的我吧。

终于住在了渴望已久的寝室，感觉空气都新鲜了许多。和室友将寝室重新布置和打扫干净，累得坐在地上。地板已经被洗得发亮，可以直接躺上去。那一年我们没有发生什么波澜壮阔的事，只是拼命看书，刷题，乃至于我就那样考上了大学，一切就像是一部无声默片。

现在在大学里，室友都忙着自己的事儿。我大部分时间不是在图书馆就是在做兼职，那些一个人的夜晚，我竟然非常怀念高中时期的寝室。而那些温馨的岁月，却一去不复返了。

在英语角，有老外问我，中国的高中宿舍有几个人，我说六个。他们惊呼受不了。后来这些大洋彼岸来的外国友人听说中国的高中宿舍晚上还要定时断电，更是十分惊讶。我想他们不懂集体宿舍的特别之处。作为独生子女的一代人，从宿舍里学会了关心别人，学会了沟通和忍让，也懂得了这世界上不仅有自己的需要，也有别人的需要，互相满足，乃生存之道。"用集体宿舍弥补家庭教育里的缺失，不失为一种无心插柳。"我喜欢的一个写作者这样说。

住寝室的那几年，的确让我们学会了很多。室友生病了，给他买饭打热水，给他抄笔记。还记得那个时候我身体不好，时常感冒发烧，室友竟然在寒冬给我去食堂那边打热水，我觉得不好意思，就跟他一起去，那种被宠溺的感觉是寝室生活独特的魅力。再比如，每天中午大家都要午睡，一到上课的时间，就有室友把我们一个一个拍醒，然后一起去上课。

下课一起去小卖店、一起去食堂的日子更是增进了同学间的友谊。

冬天的时候，都不想出去吃饭，于是，石头剪刀布决定谁去食堂买饭。买的东西总是拿出来一起分享，室友的家人来看他，带的土特产被我们一抢而光也不会生气。有分享自然也有分担，谁迟到或是做了什么让老师不开心的事，同寝室的人总是第一个站出来，为彼此辩解，或是掩饰一下。就是这样的几个人，在寝室里相处得像家人一样，这就是中国寝室的魅力所在。

我们寝室都是学习成绩比较好的，这种学习氛围有时候让人感觉很恐怖，但更多时候是催使自己更勤奋。虽然我们都知道，成功的背后是百倍的付出，但是当自己亲眼所见别人在付出，还是不免有点儿惊慌。我以为自己算是比较努力的了，但有时候晚上醒来，发现还有室友在台灯下看书，或是看见对面被子里散发出来的手电筒光，就是一阵佩服，同时暗暗告诫自己要努力。寒冬的早晨看见他们天没亮就起来了，自己也变得毫无睡意，也许我能考上大学还应该感谢这群室友。

虽然室友都已经十分努力，他们还是会为了下降的成绩而默默地流眼泪。月考考得不好，室友难过得不想吃饭，我们有人负责讲冷笑话，有人负责打饭，想尽一切办法安慰他。一间寝室就是一个最大的容器，我们将所有年少的烦恼与秘密装进去，从此这间寝室变得魔力无穷，乃至我们都有了一种特殊的感情。这种感情就像泪腺分泌液体一样奇妙，自然而热烈，用一句文艺的话形容就是，谁不曾在寝室流过泪？

高考后像是虚脱了一般躺在家里的床上，怀念那间狭小的空间。我妈说你是动物园的动物习惯了牢笼吧，我笑笑说她不懂。毕业那天，室友们收拾好东西，一个一个拖着行李走出去，我们彼此祝福，心里却是满满的失落。

我跑去找以前的同学，一口气跑到五楼，累得气喘吁吁，但是走廊上却空荡荡的，一个人也没有。以前走廊上总是人来人往，热闹非常，如今就像是一个落幕后的舞台——留下来的人比离开的人更悲伤。我推开同学的寝室门，寝室里只有床架子和几张椅子，其他的东西仿佛一下消失了似的，看着桌子上别人扔掉的旧书，不知道为什么眼泪就那样簌簌地掉了下来。

窗户被风吹得乒乓作响，我对着空无一人的寝室发呆，物是人非莫过于此了吧？然后擦掉脸上的液体，转身关上门。终于要离开寝室了，往事历历在目，说不清什么滋味，心里空空的……

谁不曾在寝室流过泪，谁不曾就这样忽然长大。

孤独不该是个贬义词

水 四

你体会过被社交软件包围的恐惧吗？

M妹子跟我说男生L整天给她发QQ消息，烦得她都快被消息提示音折腾出神经衰弱了。我一边笑她夸张，一边劝她："要不然去说清楚呗，搞不好人家是想追你呢？"

男生L在高考的战场上刚刚打了个漂亮仗，近期内显然也并没有发生任何重大意外需要慰问或安抚，却在M妹子没有回复的情况下一天给她发不下十次消息。他极其热衷于没话找话，重新组织语言向M复述他的说说内容，就连他妈妈买来要送亲戚的婴儿凳L都要拍照发送，当M不堪其扰地骗他说要断网之后，L竟然转而开始发短信。他甚至包围了M的微信和微博，点赞、评论层出不穷，M上一秒过意不去回复个"嗯"，下一秒就能惊恐地看着手机叮咚叮咚地接连跳出他的五六条新消息。

M在夜里一点多的时候转发她和L聊天记录给我看，照例是她发一条男生发一堆，最后终于是委婉地表达出了保持距离的想法，长吁一口气地跟我说她劫后余生。

L给M发的其中一条消息是："到现在为止你是三天之内第二个找我私聊的人，没有人聊天的感觉好像被抛弃一样，我好孤独。"

看得我诧异不已，也终于明白M妹子为什么对他避之不及了。这样的人可以理解也可以怜悯，但是很抱歉，没办法容忍。一个人到底是能有多孤独呢？孤独到不顾别人意愿就把自己的琐碎日常全盘打包赠送？孤独到要以骚扰他人来刷存在感？孤独到半夜也守着手机不放过任何一条信息？

因为是独生子所以从小被捧在手心，因为高考成绩喜人所以十八年来都不知道"挫折"两个字要怎么写，L不过是被高考后的无所事事打败，他那种状态恐怕称为无聊会更合适一些。

一个单身很久的朋友S在谈及恋爱的时候跟我说："孤独要宁缺毋滥。"他孤身在外地读书的同时自学吉他，能写很棒的诗，会唱好听的歌，言语谈吐妥当得让人挑不出错处。他也不过是和L一样大的年纪，却将孤独当成了一种养分，从中汲取到他成长所需要的力量，人生阅历愈加充实，技能学识愈加丰富，一点点学会了做自己心灵的王者。

所以啊，孤独不应该被当作一个贬义词吧。已然不可避免，那就享受孤独的过程吧。

有句话说"所有写得一手好文章的人，都是从苦难的淤泥里凝练出鲜花"，谁都有觉得人生灰暗无光，无助孤独得了无生趣的时候，只是有些人刻意放大了局部感受，言行里透出的是深深的矫情，偶尔一两次便罢，若是像L同学一样频繁，也只会让人徒增嫌弃，避之不及了。

哪怕现在的人好像都喜欢成群结队，女孩子要呼朋唤友地去上厕所，男孩子也要前呼后拥地去打球，转角处的服装店门口贴着红彤彤的"买一送一"的海报，咖啡屋时不时就挂上"第二杯半价"的广告，仿佛一旦落单就罪该万死，但是孤独真的一点儿都没有想象中可怕。孤身走过静谧的林荫小道你才能听见枯叶在脚底碎掉的细微声响，才能注意到枝梢新绽出头的花苞，才能看见绿叶上饱满晶莹的露珠。

对于男生L呢，为赋新词其实真的不必非要强说愁。孤独也从来不是无聊的遮羞布，它不应该是一个贬义词。

总有一些喜悦只能自己独享

左 夏

不知你是否也曾和我一样有过这种感觉，特别开心，特别自豪，激动到快要飞起的时候，回过头却不知道要跟谁分享，才发现原来快乐也会是一种孤独的状态。

或许是此时此地，此遇此境并不适合我们欢呼雀跃；又或者是身边没有恰当的人，恰好懂得自己兴奋的点，能够频率一致地感受到我们的喜悦。所以即便自己开心到快要飞起，回头看到一张不为所动的冷静的脸，莫名地就失去了分享的兴致。

纵然分享本身其实是一件非常美好的事情，喜悦也是一种积极而温暖的情绪。但我们不得不承认，总有一些时刻，你得独享自己的喜悦，无法与人倾诉，也没法让人理解——只能一个人去慢慢咀嚼，那份独属于自己的快乐。

举个很普遍的例子。

今年的七夕，闺密心仪已久的男神终于向她表白了，该有的浪漫桥段全都悉数上演。等了两年的爱情终于款款而至，感性如她早已激动得热泪盈眶。恰好当天公布四六级考试成绩，早前还担忧考砸结果却出奇稳妥。

那天晚上闺密欢呼雀跃地回到宿舍打算请舍友一起出去唱K庆祝，但回到宿舍却发现——舍友A和男友异地恋，刚刚打电话还吵了一架，七夕于她毫无甜蜜可言；舍友B喜欢的男生总是不喜欢自己，所以一直单身，七夕也是宅在宿舍；舍友C刚刚得知四级挂了，心情很阴郁……

顾虑到她们的处境，闺密并没有张扬自己的喜悦，虽然很想有人分享自己的快乐，却最终还是选择了沉默。既没有在社交软件上秀恩爱晒高分，也没有向旁人大肆宣扬自己的幸福和感动，只默默地把自己的欣喜记在日记本上，用心珍藏。

在我后来问起时，她风轻云淡地告诉我："那天的心情，感觉就像自己上辈子拯救了整个银河系一样，所有好事都让我遇上了，特别想秀恩爱，哪怕会被全世界骂，可是看到舍友那样，我便收敛了自己的喜悦。"

寂静欢喜，默然喜悦——不让舍友难堪，不让分享变成讽刺的炫耀。纵然内心激昂澎湃，快乐像海啸一样快要喷薄而出，在不适合欢呼雀跃的场合，还是只能自己独享这份快乐。

除了这种不适合分享快乐的场合，更多的时候我们其实是找不到可以分享喜悦的人。伯牙子期的心有灵犀，那种无须赘述就可以惺惺相惜，高山应流水的默契，并不是每个人都能有幸拥有。知己难得知音难觅，喜悦无法被人感同身受，反而招来"拉仇恨"的误解，一句平静的"恭喜"听来格外令人唏嘘，索性独享喜悦不与人道，反而悠然自在得多。

作家莫小米在《拒绝分享》中说："……你无论如何分享不到他的成功的喜悦，因为成功的喜悦里头必定包含着一路跋涉的艰辛，包含着曾有过的寂寞冷落，包含着鲜血淋漓的格杀较量，这一切才将成功的喜悦托举起来，而这一切，却是他所独有的，你能分享得到吗？承认无法分享才是真诚的。"

所以，生命中总有一些喜悦，无法分享，只能独享。毕竟成功过程中经历过多少坎坷辛酸，受过多少嘲笑冷眼，付出过多少精力心血，都只有你自己最清楚明白地了解，旁人不曾参与这个过程，便无从理解你热泪盈眶的喜悦。

一花一世界，能否守住这份孤独的快乐，亦是人生的一种修炼。往后若你也产生了"特别开心，特别自豪，激动到快要飞起的时候，回过头却不知道要跟谁分享"的感觉，不要怕，因为我们每个人，都是这样过来的。

喜欢就要去争取

　　大概是我说的话太重，老妈没有像以前那样凶巴巴地教训我。她沉默了好一阵儿，缓缓地说："不是我们没有让你去学，而是你喜欢的东西要自己去争取才能得到的。你不说，没有人会知道，没有人会是你肚子里的蛔虫，就算是我们也一样。想要的东西不努力去争取，那么它永远都不会是你的。"听老妈说完这一番话，我在心里已经抽了自己无数个巴掌。明明是自己没有主动去争取，到最后却把责任全都推到爸妈的身上。

喜欢就要去争取

向 阳

学校团干交流会需要竞选主持人，一时头脑发热就想去报名参加竞选，但是生性犹豫的我又开启了万恶的纠结模式。在朋友们的支持下，我的犹豫被冲垮，立马找班长报名，但是班长说名单已经上交不能再报了。感叹几句后我黯然神伤地走开了。

故事还没开始就已经结束，这肯定是老天对我优柔寡断的惩罚，我的心情开始不美丽起来。

隔天班长把负责主持人竞选的师姐微信告诉我让我添加她。我无比感激地看着班长，

"班长，这是不是说明我可以去参加主持人竞选了？"

"不是，我只是给你一个联系方式而已。"

瞬间我对班长的感激之情消失殆尽，满脸黑线。衍生出的内心独白是：都不能报名了把师姐的微信给我还有什么用呢？

"不是说已经超过报名的截止时间了吗？"

班长瞥了我一眼，语重心长地对我说："你要是真的想要参加，就应该去跟师姐努力争取机会。"

我的脑袋瞬间缓冲成功，重重地点点头："嗯，谢谢班长大人，我知道该怎么做了。"

最后经过我的努力争取，成功报名主持人竞选。

我想如果不是班长出手帮忙，如果不是班长的那一句话，我可能又要多愁一阵子了。

我忽然想起老妈说过的话，喜欢的事情就要努力去争取。

忘记是因为自己做错了什么被老妈劈头盖脸地骂得一无是处。当时年轻气盛，一口气顶了回去："你以前什么都没有让我去学，现在又来抱怨我什么都不会！别人家的父母都会让自己的孩子去各种兴趣班，而你却什么都没有做！"

大概是我说的话太重，老妈没有像以前那样凶巴巴地教训我。她沉默了好一阵儿，缓缓地说："不是我们没有让你去学，而是你喜欢的东西要自己去争取才能得到的。你不说，没有人会知道，没有人会是你肚子里的蛔虫，就算是我们也一样。想要的东西不努力去争取，那么它永远都不会是你的。"听老妈说完这一番话，我在心里已经抽了自己无数个巴掌。明明是自己没有主动去争取，到最后却把责任全都推到爸妈的身上。

"妈，对不起。我刚才太冲动了。"我满心的内疚。

"没关系，我只希望你可以记住妈妈的话。人从一开始就注定了的，自己喜欢的东西就要努力去争取，没有人能够帮得了你。"

是啊，没有人会是你肚子里的蛔虫，没有人能够帮你满足所有的愿望。自己想要什么，就努力去争取好了。

我的朋友杜克拉草是一个可以为了自己想要的东西不惜一切努力去获得的人，只要是她喜欢的，就算是翻山越岭、赴汤蹈火她都会去做。

她为了实现自己的铅字梦写了很久的文章才过了第一篇稿。我记得她当时看到自己过稿时别提有多激动了。原来没有任何一个人是可以不经过努力就会发光发亮的。他们都为了自己热爱的在坚持在争取，他们都没有因为沮丧而放弃。

他们都那么努力，为什么我就不可以为了我热爱的文字而不断地写下去呢？就算现在还不会过稿，但只要我坚持写下去，终究有一天我也会过稿的不是吗？我始终相信"越努力越幸运"这句话。

　　所以啊姑娘，你喜欢什么，那就去做吧。

　　别等到有人约你的时候，你只能摆摆手无奈地说"我不会"，然后看着他走向另外一位姑娘。

　　姑娘，你喜欢的东西，都可以通过自己的努力去争取。不要让未来的你，讨厌一无是处的自己。

梁圣煊：我要成为夜空中
最不一样的烟火

宋怡明

十六岁的她出生于1999年12月25日，今年9月就将入读高三了。当许多同学围绕考卷抠学分时，她却在读书、弹琴和摄影，就这样轻松地"玩"进了重点高中；当有的同学不堪学业负担，或自我消沉或另寻出路时，她却依然坚守自己的初心，且行且怡然自得……

她叫梁圣煊。

她知道生活是需要创造的，她更要求自己"用快乐和坚持抹平心头的软弱"，成为夜空中最不一样的烟火。

努力也是成长的阶梯

梁圣煊从四岁多开始学习古筝，六岁登台演出；在2008年通过了专业十级考试，至今坚持每天弹琴四十分钟。学习古筝十多年来，她先后五次拿到国家级以及省市级比赛的金奖。梁圣煊的演奏风格沉稳端庄，意境深刻，音色醇美，韵味浓郁，驾驭各种形式和题材的作品游刃有余。

从来没有人可以一步登天，在此之前，圣煊也经历了十多年的暗淡岁月。

小圣煊四岁多的时候，有一天妈妈领她逛街，路过一家乐器店时，她立即被店里古筝悠扬的旋律所吸引，稚声稚语地对妈妈说："我要弹。"这话一出口，就开启了她的学筝之路。然而随着新鲜感的消失，她忽然觉得弹筝是那么枯燥、无趣，于是开始懈怠、偷懒。老师和妈妈很快发现她的"小聪明"，批评、斥责和惩罚接踵而来，更引发了她偷偷对抗，变得漫不经心。妈妈耐心地对她说："音乐，可以让你忘记自己，却不会让你丢失自己。"年幼的她似懂非懂，但慢慢地学会了思考学习的意义。

有一次期中考试，圣煊的成绩不理想，尽管父母没有过多地苛责，但圣煊却特别自责。当晚，心情郁闷的她弹奏起《春江花月夜》，通过音乐的排解，心情舒畅了许多。妈妈趁机鼓励她说："努力和坚持，是成长向上的阶梯。"这一次，她听懂了妈妈的言外之意，下定决心努力学习。

学习之余，圣煊安享在弹筝的乐趣中，这一连、一托、一抹、一撮、一按，坚持了十多年。高二时，妈妈希望她报考文艺特长生，这样高考时可以"走捷径"。她一口拒绝："我要靠自己的真实实力考上心仪的大学。"

一路走来，在无尽的泪水与汗水之后，如今，她可以随心所欲地把一个少年的激荡与快乐，弹奏给身边人听。

有爱心更要有担当

女孩子天然喜欢动物，圣煊也不例外。家里养了只猫，名字叫雪鞋，因为它的四只脚都是白色的。

平常生活中会有些无法向他人诉说的心事，这时候，圣煊就对着雪鞋倾诉。其实人们在失意的时候，寻求的并不是别人给予的安慰本身，而是你在倾诉过程中的那种酣畅淋漓的释放。

雪鞋是从同桌家抱来的。它初来乍到时也就两三周大，蜷缩起来比人的一只手掌大不了多少。一开始它总是怯怯的，也不亲近人。直到有一天，它壮着胆子跳上了圣煊的膝头，她们才算是熟识了，并且成为知心朋友。

冬天，雪鞋钻进圣煊的被窝取暖；夏天，雪鞋躲在圣煊的古筝罩下乘凉。最令人哭笑不得的是它就像个淘气的孩子，懂得看人脸色，它不怕圣煊和爸爸，却怕极了妈妈，因为只有妈妈会"体罚"它。它甚至懂得犯了错误就要躲起来，又知道躲在哪里妈妈万万抓不着它。

雪鞋慢慢地长大了。到了春天开始满屋子地呼唤它的爱情，惹得一家人睡不好觉。它要磨爪子，却不乖乖地在给它准备的海绵块上磨，结果抓坏了床垫，抓坏了椅子。一次，圣煊拿着毛线团逗弄它的时候，不慎被它抓伤了。妈妈试着给它剪指甲，它也不依，又抓伤了妈妈……家里多了这么一个小宝贝，快乐多过烦恼，一家人和谐地生活在一起。

义不容辞地，圣煊成了雪鞋的"铲屎官"，二十四小时负责雪鞋的"生活起居"。半年后的一天，她发现雪鞋的胃口不太好，神色也是恹恹的。不久，它的肚子竟慢慢肿胀起来！而它明明是个小男生啊……雪鞋一定是生病了！圣煊赶紧把它送到了宠物医院。

以前，雪鞋从来不让生人碰它的，这回见了医生却没有大力地挣扎，只是呜呜地委屈地叫着。叫得圣煊的一颗心仿佛浸在水里一般，沉沉浮浮。医生说它得了腹积水，已经很严重了。一瞬间，圣煊觉得内心被刺痛，不知不觉间早已是满脸湿热。医生给雪鞋打针，喂它吃药，过程中动作难免粗鲁。听着雪鞋惊慌的叫声和噜噜的哀求声，那一刻，圣煊才知道了什么叫泣不成声，什么是痛彻心扉！

自此，圣煊感悟了责任与爱心，更重要的，还有担当。

叛逆，我的青春它来过

初二时，仿佛一夜之间，圣煊感觉自己一下子长成了大人，忽然之间看什么都不顺眼，觉得这个世界斑斓得奇奇怪怪。她不知道，这正是她叛逆期的开始。是啊，哪个人的青春不叛逆。凡事一定要跟父母对着干，顶嘴张口就来。气急眼了，在课堂上敢跟老师拍桌子。老师、父母眼中的那个"乖乖女"，分分钟变成了"暴戾狂人"！

据说摩羯座的人敏感而自负，摩羯座的圣煊在叛逆期放大了天然的性格缺陷。有一天，妈妈说她指甲长了，要她剪掉。其实，她手里就握着指甲刀正准备剪呢，听妈妈这么一说，心里不爽，突然拉长了脸，把手中的指甲刀往桌上一摔扬长而去。看到妈妈气得身体直发颤，不知怎的，圣煊心头竟然有了莫名的快感。

一次，老师在课堂上讲课时，圣煊同桌的桌洞里突然传来"吱吱"的声音。有个同学好奇地伸手去翻，结果捏到一团软软的东西，而那个东西激烈地翻滚并且大叫起来……那个同学登时吓哭了！"哈哈哈！"圣煊禁不住笑出了眼泪。这正是她的恶作剧，为了恶搞同桌，她特意把家里仓鼠拿来，悄悄地藏在了同桌的桌洞里。老师为此批评了她，可她却摆出一副油盐不进的样子。

爸爸妈妈有点儿焦头烂额，束手无策。心有不甘的妈妈找到圣煊的英语老师曲琳，两个人一起梳理了圣煊的成长历程。圣煊小学、初一时学习成绩很好，各方面都很优秀，到了初二上半学期因为一时贪玩儿而成绩下降，她顿时慌了。越心急越追赶不上，时间一长，感到绝望，产生了"破罐破摔"的念头，于是就有了这一切的反常之举。

找到了根源，曲琳老师主动对圣煊妈妈说："你放心吧，把孩子交给我来调教。"几天后，她把圣煊叫到办公室，说："你英语基础不错，当课代表吧。"圣煊脖子一梗："不干。"曲老师温和地说："听说你先后在省市级报刊上发表了十多篇文学作品，拍摄了三百多幅摄影作品，目前正在创作一部长篇小说。是真的吗？"闻听此言，圣煊脸上的表情阳光起来，羞涩地点了点头。曲老师心里有数了，只要孩子有一颗向上的心，就会走上正途。

一天，曲老师看到圣煊在走廊里低头捡起几片碎纸，当即当着全班同学的面表扬了她，说她有责任心，有集体感。坐在下面的圣煊心里暖暖的。当然，当快言快语的她嘲笑一个女同学脸上青春痘"像天上星星一样多"时，曲老师也严厉批评了她，并令她当面向同学道歉……

在曲老师几个来回地调教和细心地引导之后，圣煊的转变一天一天看得见。说来也奇怪，圣煊的青春叛逆期来得急走得快。中考前，她信心满满地对老师和家长表态："我肯定能进入重点校。"果然，她没有食言。离开初中学校的那天，她紧紧地抱住曲老师，泪眼婆娑地说："您就是我妈妈！"

真正感动人的，永远是那些看似微不足道的细节，而这些细节，恰恰是我们每一个人记忆的最大支撑。

圣煊看似大大咧咧，开心了就露出牙龈笑，感动了就抱住同学哭，但她骨子里有着别样的柔情。她心疼妈妈的付出，把自己演出所得和发表文章的稿费都统统交给妈妈，尽管不多，但足以让妈妈感动。2008年汶川大地震，她主动捐出了自己积攒了好久的一千元零花钱。她还经常和家人一起，到社区参加义务劳动。这么多年以来，她早已经成为福利院的常客。

热爱读书的圣煊会在阅读的时候进行批注，让那些白纸铅字在脑海中鲜活起来，不至于在记忆里过快地消散。"我们每天面对着电脑、手机，大量的新闻如过眼云烟般快速划过，令我们的大脑与心脏都在过快地运转。在浩如烟海的网络世界中我们很难找到真正契合自己心灵的东西，而我真正渴望的是，岁月静好，手捧一本心水的书，忽略时间，忽略世界，屏蔽一切生活的纷扰，沉浸于思想的纵横千里，与沉默做老朋友。"

我相信我们都能够始终温柔

舟可温

南风过境的天气，好像一切都不是特别美好。地板永远都是湿漉漉的；书本也会微潮，边角卷起来，得拿东西压着；衣服晒了好几天，一摸，黏腻得跟刚洗没有什么两样。而更让人抓狂的是，我觉得自己似乎到了一个自我厌烦期，夹带着烦躁和失眠，极度敏感，不喜欢自己，也不太看得起自己。

退学以后，我已经很少再去想起已经过去的事情了，任由它们在脑海里渐渐被淡忘。我不记事，无论当时有多开心或愤怒，过了几天被别的事一淹没，自然就忘了。我也不知道这是好是坏，不过它论证了一点——我这个人啊，记性不太好。

最难挨的时候应该是夜晚，四周布满黑漆，安静得能听到很远以外的高速路上大货车驶过的声音。路灯的光辉透过窗户浅浅地洒在地上，黑暗里听得见自己极力隐忍的哽咽。脑海里那个戴着眼镜的老师挥之不去，他两只手撑在讲台上，语重心长地说："你真的还想继续读吗？"

"要不然我把学费退给你，你回去吧，啊？"

整个教室都是寂静的。那一瞬间，我愣住了，脑子不知道转了几个弯，才想起要给自己争取机会。我涨红了脸，许多话语不断在喉咙里翻滚，最后说出来的话竟词不达意，劈头盖脸的绝望和无助随之而来。

最后还是被他盖棺定论，就这样决定了。你因为身体原因给同学带去了许多困扰，中考成绩也不怎么样，我不想接收你，你回去吧。

那是开学的第一天。

如是，那所学校是我最后的希望。

离开教室，好像行尸走肉，从语文课本第一课的内容想到邻居家的兔子，回过神儿来泪水已经糊了满脸，可是还必须努力克制，抬头望天，不能哭啊，被人看见多丢脸啊，一颗心却不断地往下坠。这里的一切都是那么的熟悉，可是又忽然觉得好陌生，好像身处寒冬，冷得无以复加。

那么深切的无助，被拒绝的悲怆，被践踏的尊严，自那一天便被深深地埋葬在了心底最深处，父母亲戚好友问起时，不过以人太少，读得没意思作为借口，然后以他们恨铁不成钢、鄙夷或可惜的目光作为结尾。

也许就是在那段时间我忽然明白，人们独善其身，每个人都有自己的难处，锦上添花是一种美德，雪中送炭就不要那么期待了。

可是还有那样的不甘心，不甘心自己当初的放纵无所谓，不甘心没有伶牙俐齿地回击回去，更不甘心自己居然就这么被放弃了。我跑回了奶奶家，其实我什么都懂，什么都清楚，如今的难过拜当初的不努力所赐，并没有埋怨的资格。可是心里的难过悲哀还是日益膨胀，就像给自己画了一个牢，别人看不到，我走不出去。

远在千里之外的那个女孩儿坚持要给我寄她所在城市的小吃，收到时我有些震惊，因为都是熟食，她怕坏掉用真空包装了，在每一份上面详细写清楚了吃法。手写的字体圆圆的，温暖猝不及防。

表妹大快朵颐的时候问我，"谁寄的呀？这么好。"

"……朋友。"说出这两个字时一股暖流淌过，麻木的心久违的重重跳动，"她真的很好。"

这个女孩儿，我喊她阿粥，经常发自拍，发美食，发心灵鸡汤，很自恋，天天嚷嚷着要减肥。和她认识了蛮久，却素未谋面，但我潜意识里觉得她一定是个很……二的女孩儿。因为不会有人在我道谢的时候蹦出来一句：我特别羡慕你有一个我这样善良的朋友！以后写文的时候一定要把我写进去！我这么漂亮。

莫名地，我特别喜欢这样的自信。

面对她，我有一种安心，她是那种在知道你的不堪后，没有怜悯，不会远离，如从前那样对你好，在你深陷泥潭时不离不弃的朋友。就好像独木舟说的，她是闺密，而你是知己。

夏末到寒冬，9月至12月，接近一百天的浑噩，我从没有想过会有被发现的可能。

和在一中的挚友打电话，忽然提到了那个老师，语气小心翼翼，原来她从以前的同学那里得知了原委，我有些失措，就像被撞见了难堪。挂断电话，却收到她发来的QQ消息：就算全世界都背叛你，我也会和你站在一起。附上一个龇牙的表情。

无比的温情。

那一刻我忽然很想大哭一场，我曾一度埋怨命运的不公平，怨憎那个老师的古板苛刻，不理解为什么他们不愿意接受我，不明白为什么会走到这一步，觉得全世界都欠我的。

可是她忽然让我明白，虽然她没有办法为我抵挡兜头而来的风霜刀剑，可是她会一直矢志不渝地站在我身边帮忙分担。

陪伴真是这世界上最温暖最了不起的安慰方式。

蒙蒙细雨中白墙黑瓦的民居里的烟囱升起袅袅炊烟，枯萎的植物，清晨起来覆盖了屋顶的皑皑白霜，以及光秃秃的树枝枝权，都饱含着萧瑟和凄婉。这么冷的天气，其实真的没什么好看的，风还大。

只有我这种矫情到神经质的人才会觉得惬意和放松，好像一点点走出了自己给自己画的牢笼。

应该是走在春风里忽然福至心灵想到他说的一句话时彻底释然的，那时我逃到这里当乌龟，他知道后戏谑着说，浪够了就回来昂。我一直没有回复，我知道他是在安慰，在纵容我这个无可救药的神经病。

后面看到他又发了一句,你不要想太多,每个人走的路都是不一样的。

到底是要一直无病呻吟"作"下去,还是笑笑站起来从容地走下去?

已不再憎恨,不再抱怨,不再萎靡。时间渐渐替我放下了这份负重累累的不甘心,虽然现在写出来还是有淡淡的难过,可斗志和力量却是爆表的。

我问自己,"作"得差不多了吧?

表妹拿着我的手机在看孙红雷主演的《少年班》,一会儿笑一会儿叹气,片尾曲响起,是S.H.E的《你曾是少年》。她们的声线缱绻温柔,唱着:相信爱会永恒,相信每个陌生人,相信你会成为你想成为的人。

我浑身一僵,觉得灵魂好像为之一振。

同学掀翻桌子来表达对我的不满,地上一片狼藉的那一幕,还是在脑海里挥之不去。也许独自消化痛苦会有一个很漫长的时间,可当雨过天晴,久违的阳光倾洒在白墙上时,是那样的温柔。

我还没有沉浸在痛苦难过里,自暴自弃到打算放弃未来。

那些莫名其妙的针锋相对,那些无法抵抗的汹涌恶意,我也还没有找到应对的方法,可是每个人都有那么一点点不完美,不可避免,除了勇敢地面对,总不能永远都走在逃避的路上,那样好懦弱啊!

我相信我们都能够始终温柔,毕竟何其幸运,年少时遇到了一些温暖又善良的人。

别让梦想夭折在摇篮里

筱薇萱

一直有一个梦想，没有多远大，只想有一个地方，一个人，放上一支笔，一个本子，一个人安安静静地写字。看似很简单，实现它对于我来说却总是遥遥无期，而做不到的原因，不是因为没有那个地方，恰恰是因为自己是做不到那样的人。

从小一直爱看书，从名著到杂志，都能让我陶醉，那些由方块字构成的美妙世界，总会吸引着我。看多了，便会幻想自己有朝一日也能把手写的字变成铅块字，印在某本读物上。可时间在流逝，梦想却毫无进度，依旧保持着完美的0%。

喜欢幻想，在有些时候，脑海里也会产生奇妙的想法，那个故事里，有暖心的男主角，也有犯二的女主角，或许还会有霸道总裁范儿的男二，气质优雅的女二……可花费十分钟构思好的提纲，在半个月后，它依然是提纲，安安静静地躺在作业本上。

书上说，这叫懒癌。

的确，我之所以完成不了这个梦想，很大一部分是因为懒惰，因为懒惰而半途终止码字，因为懒惰而放弃梦想，因为懒惰而让一切都看起来遥遥无期。如果把每篇文章比作一个生命，那提纲就是孕育，创作就是成长，最终结局就是一个新生命的产生。我的文章，永远都是在成长的过程中气绝身亡，略有生命迹象，却很少愿意去施救，只能让时光白白荒废。

《当幸福来敲门》里面有一句台词让我记忆深刻：You got a dream, you gotta protect it. People can't do something themselves, they wanna tell you, you can't do it. If you want something, go get it.（如果你有梦想，就要去捍卫它。当别人做不到的时候，他们会告诉你，你也不能。如果你想要做些什么，就得去努力争取。）这句话我看了很多遍，回过头来才发现，我有梦想，但我却没有保护好它，而扼杀它的罪魁祸首不是别人，恰恰是我自己。我想，我该努力了，该去争取我想要的了。

我今年十七岁，高一了，从前看《中学生博览》的时候，我可以安慰自己，我还小，现在没有作品也很正常。可现在，没有理由了，比我小的作者一批批地崭露头角，在《中学生博览》上有了自己的一方天地，而我却依旧没有作品变成铅字印在《中学生博览》的某一页，也从未收到《中学生博览》的样刊，我的梦想进度还是零。

我该努力了。

梦想就像一个幼小的生命，从出生到长大，过程肯定会有坎坷，但最起码要有过那样的经历，才算不枉此生，我不能让我的梦想始终都待在摇篮里，没有享受太阳的照耀，未曾见过远方的风景就早早了却一生，那不是它应该得到的结局，所以，我只愿用我所能，竭我之力，带着它走向光明的未来。

哪里还有第二个我

夏南年

今天过得很不顺利,如果比喻成滑冰,那就是每一步都摔倒一下。摔倒再爬起来。

从早上开始,前一天唯一的假被课都排满了,没休息果然起迟了,急匆匆跑下楼,发现妈妈没有把装粥的杯子盖好,书包的第一层,手探进去满是潮乎乎的饭渣,连爱心发夹也沾满了粥,好不容易擦干净后,车堵在了天桥上。

望着前面黑压压的车辆,我索性听起了尧十三的《北方女王》。像歌词里说得那样:"这里的秋天已经变冷,孤独了忙碌的人。"我的心里莫名地有点儿疼,像小蚂蚁在轻轻地咬。

迟到了十分钟,班主任从办公室回来后,脸板得像是被擀面杖压过的:"你什么时候来的?"

"打铃。"我理直气壮。学校的铃我赶上了,只是不会体谅我们辛苦的班主任把我们上课的时间提前了十分钟。

早上一直在等一个儿童编辑帮我看稿子,那篇小说我真的很喜欢,活泼清澈,完完全全就是我心中写给孩子看的文字,而有些孩子的杂志上越来越多沉重的描写心理的小说,即便是现在的我看来都不能完全接受,可是几个一起写文的好友说,"这篇少了故事""这篇少了感觉"。

我开始彷徨，正好巧笑倩兮在QQ上找我，我说："我再也写不出好的文章了，怎么办？"她说："不会的，不会的。"

语言的力量在一瞬间变得好薄弱，之后就接到了另一个编辑发来的消息，让我写一本试刊的卷首，编辑很辛苦地说了很久，我写了几百字，划掉、再写、再划掉，好像自己已经失去了掌控文字的能力。

它们就像天上的星星，怎么排列布置也拼不出北斗七星的模样，为我指引正确的方向。

下午编辑发给我标注了一篇红的修改建议，我趴在座位上偷偷修改，班主任在讲台上苦口婆心地讲话，之后突然停下："你们看看底下有多少同学在睡觉？"懒洋洋的气息迎面扑来，日光倾城，细小的尘埃弥漫在空中。

把改好的文重新给编辑，她说了句"要好点儿"。我有些失神，不知道"要好点儿"到底是什么意思，我深知自己对于文字从来没什么天赋，我用笔划拉着纸张想，是不是有些事物，无论怎么努力都不会有回报？

比如他，比如文字，再比如努力地生活。

我买来的二手杂志其中一本被像是练过芭蕾舞、脚步轻盈的班主任收走了，我没多少感觉，真的，可是下一秒她把杂志撕碎扔进了垃圾桶里。

我愤恨地想，既然她那么不尊重文字，以后我也会让她的书不被尊重一次。时光打马而过，好像一眨眼便回到了小时候，那年我和C小姐半好玩半捉弄人，把所有讨厌的人的作业撕掉，又在被老师发现后因为C小姐的推卸责任而直接友谊破裂，有些事情，发生得真是猝不及防。

我想起小时候一本最喜欢的杂志，那一期真是极致，每一篇文章都近乎完美，我正准备午休时细读，下一秒被冲进屋的妈妈撕了个粉碎。那天妈妈说："你学习都那么紧张了，哪有时间看这些闲书？"

这句话，我仔细想了想，她从小学说到了初中，现在又说到了高三，好像《狼来了》的故事。现在时间真的变紧了，我却没什么紧迫感，满心全是杂志被纷纷扬扬撕碎的场面，那些纸上珍贵的东西全都付之东流，带着它们一颗不被尊重的心。

我以为今天关于书的悲伤到此为止，晚自习前，我收拾抽屉时随手翻开了本杂志，Y说："你要是再被撕了我就笑了。"不知道怎么就想起初中时的班主任很好，毕业时我考到这所重点校，从她办公室捧回了厚厚几本小说回家。笑着笑着我突然想起了什么，苦涩地自言自语，那些书全是我曾经的好友亲自交给班主任的。

她帮我把小说带回家，闹僵后把书全部上交。我在一场友情中傻子都能看出有多失败，可是我不记得我有做错什么。忘了说了，当时我们和另外几个女生是一个小圈子，第一次闹别扭时，是我陪着她逛了大街小巷，让小圈子和好如初，这一次也不是我挑起的战争。

好友L说，必要的时候适当生气，不然牺牲的全是自己。可是我想，日久见人心，留不住她让她走好了，那些小说啊悲伤啊，都当是认清一个人的学费吧。

秋天的空气干燥得让人难受，晚自习前我的手被书划破了第二道口子，又干又疼，我随口问Y有没有护手霜，她说："这种事情你不应该去问某某吗？"

某某是我在喜欢Y之前喜欢的男生，很多篇文字都有他的影子，兜兜转转才发现离我们已经分开了大半年了。

"他天天都带一瓶大宝！"Y又补充。我说："你闭嘴！这么说我觉得我喜欢过一个人妖。"我惆怅地叹了口气，"我发现我眼光从来没好过。"

Y很自恋地接道："我怎么觉得你这么说是在骂我呢？"

当封存的记忆被一句话彻头彻尾地打开，我不知道我该把自己放在哪里。那时候，喜欢一个人，心甘情愿地对他好——你喜欢看大片？好，我不看青春的片子陪你看；你吃虾过敏？那我当然不会点这个，你来选口味；你没有数学作业抄？我去弄来答案每天第一节课就写好给你，你想要什么我能给你的都给你。

大概喜欢的时候太喜欢，死心时才会愤愤不平，虽然我始终明白，喜欢一个人完完全全是自己的事情。

记得C小姐发过一条说说：与你擦肩而过，看到你过得很好，我也就幸福了。

我想我没有那么大度，那时候我信奉一句话，"我不大度也不善良，就希望你过得不好，最好是惨。"于在一起过的人、于单恋过的人，都是如此。

我知道的，在未来，一定一定有可爱的女生对我喜欢过的人好，但我想，她们都不会用我对你好的方式对你那么好。哪里还有第二个我呢？连我自己都找不到。

不管是距离产生美还是日久见人心，我在生活中学会了接受。

我和娇娇通了四年信，去天南海北都不忘寄一张明信片给彼此，我们约好明年一起去旅行，她是唯一一个我们那么久不联系也不会有一点儿生疏的人。晚上和好友吃饭，大把时间用来闲聊，我身边的人经常兜兜转转地换，但总有一两个人伴我左右，这种不张扬的小幸福也很让我知足。

我还是会和喜欢过的人聊天，翻他们的空间，看他们又开始了怎样一种新的生活；我还是坚持写字，反正是习惯了的事情，做了才会快乐。我常常想，如果真的有另一个我，某天在街角遇见，我一定和她永远在一起，再也不要遇见另外的人。

我想我们都不会伤害别人，当然也不会让彼此受伤、我们坦荡却敏感，只珍惜在乎的热，我们不会让彼此有被忽视的感觉，我们和其他的一切隔开距离，我们的身旁只有彼此。

可是哪里还有第二个我呢？不顺利也好，所有的心思都像柔软的刺也好，生活总还是照常继续，放学后依旧和好友跑步、逛街，在不长的梦中等待着又或是纪念着谁。

只是你们和我一样，再也遇不见第二个我。

暖　心

钟龙熙

愿每个女孩儿都会遇到这么一个男孩儿,他笑起来像冬日里的阳光;他有一双骨节分明的手,可以为你擦去泪;他的轮廓温和,他能让你为他着迷,就算遇到比他再迷人的人,也还是觉得,谁都不如他。

那是心在对生活唱歌

天国,对我而言该是个很遥远的词吧!我总是这样想,眨眨眼,看嘛,我还是很健康的啊,咦,那耳朵里的杂音是怎么回事?

"凌万幕,你就不要再装蒜了,承认了吧!你!心脏有杂音,说通俗一点儿就是心脏有毛病,和正常人不一样!"历朝美大声地向我宣告,声音尖细洪亮,让人听了很不舒服。我扭头不看她不理她,不得不说她那种居高临下藐视天下的嘴脸很令人讨厌。

体育课。体委带领我们做完准备活动后示意我们集中,队伍自发自觉地跑起来。我正准备跟上,体育老师叫住了我:"凌万幕,你出来。"我带着疑虑,走出队列,睁大眼睛,好奇地看着老师有些为难的脸。

"你心脏有杂音,就不要跑步了,以后都不用跑了。"我下巴险些掉在地上,没想到消息传得这么快,历朝美那个大嗓门儿真是的。感觉我的五官像是脱胶的便利贴，再也挂不住了随着地心引力下坠。

这特殊对待，并不让我好受，这就像是对我有心脏病这一猜测下了宣判书，一锤定音。明明只是体检的时候，医生在我的体检表上写下一句"心脏有杂音"，为什么所有人都以为，我有病。也许是医生检查错了，也许是我太紧张了……漏洞明明那么多……

这样想着，鼻子一酸，心里的委屈都化作晶莹的泪溢出眼眶，好像有人说过，眼泪是没有颜色的血。

一天就这样浑浑噩噩地过去了，所有人都把我当病毒似的躲得远远的，还美其名曰，一不小心伤了我咋办。其实我知道他们是怕我心脏病突发，一不小心挂了赖他们身上。

我嗤笑，多么可悲、可叹、可笑的蹩脚理由啊！我的心脏才没有毛病，明明只是它比较热爱生活，在对世界歌唱。

那个男孩儿美好得令我心动

翌日早晨，我像往常一样步行去上学。伸手触摸心脏的部位，虽然隔着一层皮，我还是感受到了它规律的跳动，心脏跳动的声音清晰地传到大脑皮层。

我坚信，我是个健康的孩子。

早上第三节课的时候，我们班来了一个转学生，那是一个很帅气的男孩儿，干净，简单。没有扣全的衬衫和单手插兜的形象透露出一个不羁的灵魂，他站在讲台上的样子像一幅唯美的青春画，一道明媚的风景线。

不容置疑，我听见了自己的呼吸声，阳光在课桌跳跃的声音，还有，心动的声音。

"我叫许徐振。"他说。

不知道是不是我的错觉，总感觉他在盯着我看，那眼神就像是在确认一张红色的钱币大票是真是假。

许徐振步下讲台，脚步轻缓地向我走来，原谅我胆小不敢直视他。我把头低得下巴都贴快到脖子上了，却还是感受到了他带来的无形的压力，心跳像是漏了半拍。

就在我以为他不会再向我走来，抬头确认的片刻，他已经走到我的面前。就那样肆无忌惮地看着我，这不是对一个陌生人该有的眼神，我这样想。可是直到他擦肩而过到我后面坐下，我也未曾从脑海捞出哪怕是一丝关于他的记忆。

我是，真的不认识他。

我托腮望着窗外，何必耿耿于怀，当他知道我心脏有杂音后，大概也会把我当作怪物离得远远的吧……

下课铃响，老师抱着书头也不回地绝尘离去，女生们争先恐后地蜂拥而至团团围住许徐振。她们发挥女人八卦的天性，七嘴八舌地问他一些无聊的问题。

"许徐振，你以前是在哪个学校读的？"

"你是什么星座？"

"你的生日是什么时候？"

……

"许徐振你好，我叫历朝美，很高兴认识你！"突然之间，全世界都安静下来了，只有历朝美的手伸在半空，脸上挂着不咸不淡的微笑。

许徐振并不买账，他半抬眼眸看着她如花的脸蛋，嘴唇像是涂了502胶水，纹丝不动。他似笑非笑地看着历朝美，那架势像是要给她一个下马威。

历朝美尴尬地收回手，脸也瞬间垮下来，随即，她突然像是想到了什么坏主意。邪恶地歪着嘴巴笑了起来，那嘴脸，像是童话里的巫婆，我有种不祥的预感，不过还是迟了一步。

"许徐振同学，我想你还不知道，你前边这位可是心脏有杂音的心脏病患者，你可要悠着点儿，如果哪天她心脏病突发，你可脱不了干系。"说完，她意味深长地看了我一眼，狞笑着抱臂走开。几个小跟班儿尾随其后，其他女生也做鸟兽散。

这个小小的角落，顿时又只剩下我们俩了。我低垂着头心里暗叫不好，他这是惹恼了历朝美啊！不过这好像不是重点，重点是我又被嘲笑了！哎，都说又了，应该也无所谓了。

"为什么叹气？"他富有磁性的声音从我身后传来，我吓了一跳，捂住心脏怯怯地回过头看他。

他长得真的很好看，五官精致，轮廓分明，薄唇深眼窝，鼻子立挺得不像是东方人。怎么看都觉得像是混血儿，周身散发着高冷的气质，俊朗的脸上像是刻着"生人勿近"四个大字。

"那个，对不起，是我害了你。"我说话的声音很小很小，也不知道他有没有听见，我害怕得又把头低下。

不知道为什么他笑了，明明我说的话一点儿都不好笑。

大概是心脏不乖吧

今天恰好轮到我值日，平时都是我一个人扫的，很不幸，许徐振今天第一天转来就要陪我一起值日。

教室里空荡荡的只剩我们俩了，窗外的夕阳调皮地溜了进来，他和背后夕阳下的天空相得益彰，但是我不敢盯着他一直看。

我试图踮起脚擦黑板，可是无奈我像芭蕾舞者那样踮起脚，再努力伸长手，还是够不到黑板顶端的字，我果然是枚植物系女生。只好用跳的了，事实证明，即便我像只跳蚤一样跳来跳去，长得矮这个硬伤还是无法改变。

手掌突然传来温热的触感，就在我呆愣的万分之一秒，他从我手中拿走黑板擦，仗着海拔高三下五除二，把黑板擦干净了。

他真是个好人，不仅留下来陪我一起值日，还帮我擦黑板……"你还在干吗？"他站在门口看着我，那眼神好像在示意我们该走了。

"啊？哦，我这就走。"回过神来，我后知后觉地把书装进书包，等他锁好门一起回家。

天上的云大片大片地围在太阳周边，没有飘动的迹象。虽然是和他一起走的，但是我不敢离他太近，一直保持着一定的距离。就在我想着怎么开口打破这份沉默时，他先回过头问我："心脏有杂音是什么意思？"

"啊？"原来他还记得……我低头闷闷地答道，"大概是心脏不乖吧！"

"那它是哭了还是笑？"

"不知道啊……"尾音被我拉得像我们的影子那样长，我刻意踩在他的影子上跟着他的脚步走。

"会死吗？"我很意外许徐振会问出这个问题，却不知道怎么回答他。会死吗？我也不知道。"我也答不上来，不过我觉得我的心脏现在很乖，一时半会儿，不会停止跳动的。"我抬头看着他，咧开嘴笑出明媚如夏的感觉。

掌心向上，迎接阳光

因为是前后桌，我近水楼台先得月，慢慢地和许徐振熟悉起来。他和我一样，喜欢托腮望着窗外的日出日落，云卷云舒。偶尔我拿出泰戈尔的《吉檀迦利》诗集出来读，他会温柔地和我说，看完以后借给他。

早读课的时候，他的课桌总是会合时宜地出现五花八门的早餐，但他从来不在意，只会问我要不要。我摇头，他就拿到后面的垃圾桶毫不留情地扔进去。上课的时候总有女生给他递纸条，他觉得烦了就叫我帮他拦下来。有时上体育课，他故意装睡不去，留在教室里，然后偌大的教室里就只剩我们。

这时候，我就会趁着他睡觉，假装欣赏窗外的风景而偷偷回头看他，他的睡颜真是安静得像个天使，大概他真的是上帝在制造了我的悲剧人生后感到愧疚不安，所以派他来陪伴我的吧，让我不至于对这黑暗的生活感到绝望。

"再看就要收费了啊。"我回过神，对上他温暖如春的眼神，第一次，我对男生笑了，一个美好得像天使般的男孩儿。

"会觉得难过吗？像座孤岛一样一个人做所有的事情。"他的语调轻柔得像片羽毛飘进我的耳朵。"不会啊，习惯就好。"嘴上这样说，心里有个地方却感到涩涩的很难受。

我脸上笑着，可是他的眼神明显已经看透我的伪装，就像在说，别逞强了，想哭就哭吧。我咬紧牙关，不知道该说什么好。

"把手伸出来。""啊？"虽然不知道他要干什么，我还是乖乖照做了，学着他的样子，伸出手，掌心向上，迎接阳光。

我好像明白了些什么……

"即使你什么都没有，只要你抬头，天空永远与你同在，掌心向上，迎接阳光。"那个午后，他让我觉得，我不再是一个人……谁也不会明白那句话带给我的震撼有多大，原谅我总是怂恿自己伪装了那么久的坚强死撑着装作不在乎。

后来在书上看到这样一句话：很多时候，一个人的改变是从另一个人的到来或离去开始的。大概，说的就是我和他吧。

和他在一起，总给我一种现世安稳，岁月静好的感觉，当然班上那些女生们羡慕嫉妒恨的眼神可以忽略不计。

熟悉的心悸

早上不小心睡过头了，没来得及吃早餐，就匆匆忙忙地赶去上学，踩点进入教室。站在讲台上的老师有些不悦，我只好厚着脸皮打了个报告，就低头躲避全班炽热的目光绕过大半个教室回到自己的位置。

历朝美脸上的嘲弄一闪而过，老师恢复神色继续上课，许徐振却一直看着我，迅速地从书包里拿出书、笔和本子。我感到很不自在，扭头对他献上一个傻笑，就转过身认真听课。

真好，自从许徐振转来后，我的生活里都充满了阳光，小小的心脏也没有了不安。

第二节课下课，有二十分钟活动时间，我下楼去小卖部买课间餐。里面很多人，挤来挤去的像腌酸菜，我迅速拣好买单出来。看着手里五颜六色的小零食，我心满意足地往回走，兜里是给许徐振的棒棒糖。虽然不知道他喜不喜欢吃糖，但我想他应该不讨厌吧，这，可是我给的呢……

突然我听见许徐振很大声地喊"小心"，正想回头看他，就被一股强力推倒在地，随即一阵昏天黑地向我袭来。我听见了陶瓷碎的声音。是什么？心脏吗？

我抬头，透过障碍物看见历朝美诡异的笑，想冲上去抓住她问清楚，却发现地面蔓延着妖艳的血花，像，彼岸花开。

胸腔不安地起伏，心脏没由来地跳得比任何时候都要快。我几乎是爬过去帮他按住伤口，血却还是不听话地涌出来，鼻子不争气地一酸，豆大的眼泪就止不住地往下掉。

"笨蛋，哭什么。"他脸色苍白，无力地抬手摸我的头，我眼眶红得像兔子，眼泪听话地不再往下掉。那个叫心的地方好像，有一股暖流经过……

白色的床，白色的墙，白色的窗帘，白色的纱布，还有穿大白褂的医生。年轻的医生很专业的样子在给他消毒，包扎伤口，从头到尾他都没有皱过眉，一副云淡风轻的模样。反倒是我，一直战战兢兢的，像是伤在自己身上，他津津有味地看着我丰富的表情。

"许徐振，你怎么那么傻！"我皱着眉头，有些气结地看着他。他没有说话，对我扯出一个苍白的笑，这样我更放心不下了。

"医生，他没事吧？"

"放心吧，只是皮外伤。嗯，我先出去了。"说完，医生逃也似的冲出去，徒留一个狼狈的背影给我，还自觉地把门关上。

阳光透过半开的窗帘布，洒满医务室的每一个角落，暖暖地倾泻在我们周围。气氛诡异得有些暧昧，熟悉的心悸让我感觉又回到了第一次见他的那天，抬眸的那一刻他惊艳了我的时光，温暖了我的岁月。

心跳一百分

我试图从那重重白纱下窥视那血肉模糊的伤口，难过的五官揉成一团。"痛吗？"

他笑而不语，伸手为我拭去未干的泪，在他的指腹触碰脸庞那一刻，我错愕地凌乱在风中。面颊传来真实的触感让我想逃离，但我没有。

"你脸红了。"听着风马牛不相及的回答，我有种一巴掌拍死他的冲动。

"才没有。"我故意转身抱臂背对他，耳边传来他低低的笑声。

突然想起兜里的糖果，伸手去确认，还好，它还在。"喏，给你，吃了应该就不痛了。"每天给自己一颗糖，然后告诉自己今天又是甜的。这可是我的生活信条呢。

他伸过手，但是没有接，反而握住我的手，他站……站起来了！喂，能别靠那么近吗！他离我越来越近，我本能地后退，他却更用力地握紧我的手。

心脏，跳动得比任何时候都要快，小鹿乱撞，心都快跳出嗓子眼儿了。

我们的姿势异常暧昧，如果我身后有堵墙，就是活生生地上演了偶像剧里的"壁咚"。我移开视线，刻意躲避他的眼神，也是在掩饰自己的心虚。

"万幕。"他叫我的名字软得像棉花糖，我不应，等待他的下文。"你喜欢我吗？""啊？！"我又一次凌乱在风中，不可置信地瞪大眼睛看他，却意外地撞进他眼里的深情款款。这一次真的是脸红了，感觉到血管不规则地跳动，脸颊烫得不可思议。

"如果明天是晴天，就喜欢我，和我在一起。"

约等于女神

  江小寒是我非常喜欢的那种能把日子过得热气腾腾的人。当年她曾以全市最高分考入名校,选择了自己喜欢的专业,每年能拿到大把的奖学金,大二以优异成绩做交换生出国学习,竟然拿到当地有名公司的实习通知。拿驾照第二天就敢开车几个小时去看雪。我一直说她"文能提笔写论文,武能上马揽河山",这样棒棒的女孩子,居然因为不够好看而被人拒绝,简直就是个冷笑话。

这世上唯一的莉莉安

zzy 阿狸

今年的寒假放得特别早，不想太早回家进入圈养模式的我对木头点头哈腰，最后顺利得到在他家里住几天的机会，打算在他那儿玩儿上一两天再回家。

买了车票才知道，那是一座海滨城市。临近年关，许多景区都闭门谢客，在那儿土生土长的木头兴奋地规划着带我去哪儿玩，但我一句话也听不进。在坐了十多个小时的长途车后，大包小包的行李都来不及放好，我便拽着他带我去看海。

啤酒，海风，沙滩，两个大男孩儿。

木头拍了拍我的肩膀，说："这是你第一次看海吧？不然怎么这么急不可耐。"

我朝他翻了个大大的白眼。这并不是我第一次看海，我急着要看海并不是因为内心的那份好奇与新鲜，而是因为林海儿。

海儿，海的女儿。

我仰起头喝了一口啤酒，冰凉的液体瞬间滑过喉咙，舌头残留些许的涩味。

当浪花向我招手，铺天盖地的记忆翻腾而来，眼泪突然簌簌地流了下来。

临川中学是Z市里最好的中学，有着最好的教学资源，环境优美，是莘莘学子梦寐以求的学府。招生门槛特高，就算不能上知天文，至少也得下知地理。所以啊，进得了这所中学的学生，等于一只脚踏进了重点大学。

至于我嘛，用我妈的话来说，别说重点大学，能不能考上2A都成问题。

我念的那所中学叫临山中学，因为学校靠着一座山建成。校长倍儿自豪，说我们学校和临川中学是兄弟学校。临川中学承不承认我不知道，反正我一点儿都不在乎。

高二的时候班上来了一个转学生，梳着两条长长的辫子，终日戴着一副厚厚的眼镜。她成绩应该不赖吧，不然怎么能坐在第一排呢。很喜欢摇头晃脑的班主任的口头禅是："你们这群臭小子啊，多向林海儿同学学习，为自己的人生负责。"

如果不是因为梁小巧在班上大吵大闹，估计这辈子我和林海儿都不会有交集。

梁小巧是我的前女友，性格泼辣，整天为了些鸡毛蒜皮的事儿闹翻天，我受不了她的脾气便和她分手。她倒好，有空儿就往我班里钻，故意做些小动作企图吸引我的注意力。那天下午，她在班里转了一圈后，抓住林海儿的辫子好奇地把玩，轻蔑地说："哟，想不到还有人梳这么老土的辫子啊？"说完便哈哈大笑。我过去一把甩开她的手，冲她喊："你有完没完啊？人家梳辫子碍你事吗？哪儿凉快哪儿待着去！"

梁小巧不尴不尬地跑开了。

我心里头那叫一个爽，早就看梁小巧不顺眼了，终于有机会训她一顿。

那天下午的课我依然听得迷迷糊糊，自习课，前桌戳了戳我肩膀，递给我一张淡绿色的小纸条。我打开一看，上面只有俩字——

"谢谢。"

这还真是第一次有人和我说谢谢，抬头一看，林海儿的头压得很低，正若无其事地看着书。

从那以后，我依然不交作业，但欠交作业的名单上却不见我的名字，这让我百思不得其解。被罚站的小伙伴们对我更是咬牙切齿，凭啥我会被优待？

真相揭开的那个晚上是个月黑风高夜。

那段时间学生违纪现象严重，学校决定严抓纪律。碰巧那个晚上《英雄联盟》有限时神秘活动，我和我的小伙伴们都兴奋不已，但要是想玩儿，得翻墙外出，我决定顶风作案，但其他人不想冒这个险，最后只有我翻墙出去上网。

那天晚上十一点当我准备翻墙进校的时候，发现草丛中有一颗脑袋正盯着我，还以为今晚被抓了个正着，正想乖乖就擒，那个脑袋忽然拼命地摇，还用手做出一个"NO"的手势，示意我别进来。我是彻底地乐了，在墙外按兵不动。一直到十一点半，我听见德育处主任熟悉的声音："今天晚上估计是抓不到人了，大家回去洗洗睡吧。"说罢，主任及两三校警便离场了。我听见一声长长的叹息声，那颗躲在草丛中的脑袋徐徐升起，原来是林海儿。联系刚才一系列奇奇怪怪的行为我才反应过来是怎么回事。

我轻松地翻墙进来后一脸惊讶地看着她。月光下她的眼睛一眨一眨，淡定地说："下次别冒这个险了，还有你的作业得按时交，我不能做太多手脚。嗯，早点儿睡吧。"

我在原地呆若木鸡。

凉风在草丛间穿梭，发出窸窸窣窣的声音，月亮似乎比平时更大更亮，她的影子被拉得很长很长。

这个女生真奇怪。

国庆节学校放了七天假，全学校都在骚动。放学铃一响，三十分钟不到，偌大的校园变得空空如也。

1号晚上我无所事事地在中央广场上闲逛，远远地看着一个姑娘梳着俩辫子，身影十分熟悉，没想到正是林海儿。我看过她的学生档案，明明不是本地人。她憋红了脸，支支吾吾地说："你管那么多干吗？"她突然兴奋地望着不远处惊呼，"哇，好漂亮的烟花啊！可是怎么那么多人啊？"我听出了她语气里的一丝失望，回头一看，一大群人正围在一块儿看烟花。

我想也没想就拽起她的手，往人群中挤，最后顺利占据了一个还算不错的位置。

近距离看到烟花的她笑得更开心了，像是吃到糖的小孩儿。我小声地说了句"白痴"，哪知道她狠狠地踩了我一脚，还没来得及看清她佯装生气的模样，下一秒她便笑靥如花，并跟随人群用力地鼓掌。

那天晚上，绚烂的烟花把她的寂寞映得太通透。

烟花落幕后，时间也不早了，我义正词严地说："女生在外面怪不安全的，你还是早点儿回去休息。"说罢我刚准备走，内心突然有些不安，回过头一脸惊讶地问她："等等，你该不会就住在学校吧？"

她点了点头。

我掩面叹息，学校离这儿可远了，但这个点儿末班车早没了。最后我推掉了晚上所有的活动，走着护送她回学校。

和她有一搭没一搭地聊着，才知道学生宿舍只剩下她一个人，就连宿管阿姨都溜走了，可她还是不愿意走。她似乎不愿意告诉我为什么留在学校，我便没有追问下去。

一向办事利索的我那个晚上竟变得婆婆妈妈，赖着不肯走。

因为心里头对她很不放心。

琢磨透我的想法后，林海儿扑哧一下笑了，指了指天上挂着的月亮说："别担心我，还有月亮陪着我啊，它会哄我入睡，有月亮的夜晚我会特别安心。"

听她这么一说我更是丈二和尚摸不着头脑了，月亮有啥特别的？最后把我的手机号码给她后便离开了。

那几个晚上，我的手机破天荒地没有关机。

相处得越久，便越觉得林海儿身上藏着很多秘密。她从不和别人谈论她的家庭，每逢节假日她从不回家，一个人安安分分地待在宿舍。

暑假漫长得不像话，林海儿在学校终于待不下去了，准备收拾行囊回家。我压抑不住内心的好奇，用攒了很久的零花钱买了张车票，跟着她回了一趟家，当然林海儿是不知情的。坐了十多个小时的长途车后终于到达目的地，那是个我叫不上名字的小渔村。放眼望去，一望无际的大海像一头受了伤的野兽，在寂静的夜里不断嚎叫。

第二天一大早我便在海岸上晃荡，碰见了穿着朴素的林海儿，我连忙解释："我是随便挑个地儿旅行散散心的，没想到能碰见你，真巧啊！"说完我还干笑几声。林海儿气冲冲地作势要轰我走，她满眼通红，血丝瞬间布满了她的双眸，我怕她情绪失控，赶紧地收拾东西马上走人。

哼，我才不稀罕你。

我坐在车内朝她做了个鬼脸，站在不远处的她咬牙切齿挥舞着拳头。

高三开学我因为有事迟到了两天。班主任恨铁不成钢地摇了摇头，我已经习惯了所有人对我的失望。

唯独林海儿，她依然安分地坐在自己的位置上刷题，但我看得见她脸上闪过的一丝失望。

我的心里突然咯噔一下。

往后那几天，她开始督促我学习，我脑子比较笨，她便一遍又一遍地为我讲解。我忍不住问她："你为啥对我这么好？你管好自己就行了。"

那时候她正在全神贯注地解一道数学题，轻轻地说了一句："因为你是我最好的朋友呀！"

我们俩天天往图书馆里跑，慢慢地我对学习不再厌恶了，发现只要肯花点儿心思学习好像还是挺有趣的。

开学没多久，年级里发出通知，临川中学将在我校挑选三个人免除一切学杂费重点培养，可采取老师推荐或自荐方式。消息一出轰动了整个年级，临川中学可是市里最好的中学啊，多少人挤破头都挤不进去。在我们班上，林海儿一直稳居前三，但学校的教学水平有限，她要是到了那儿一定会有更大的进步。老班第一时间推荐了林海儿，哪知她跑到办公室里把准备材料撕个粉碎，冲着老班喊："我才不要去！"

这可真把老师给吓傻了，就连校医接到电话也马上赶来了办公室。

也就在第二天晚上，我翻墙进校被德育处主任抓了个正着，第三天早上我的名字通过广播一遍又一遍地在偌大的校园里传播。

我被罚在校门口站一个下午，我数着朵朵飘过的白云，听着叽叽喳喳的鸟鸣，也看到林海儿红着眼眶站在我面前，一字一顿地说："徐浩瀚，为什么你还是死性不改？"

我紧咬着嘴唇，心里有太多的话却如鲠在喉。

"你太让我失望了！"

我们终于成了熟悉的陌生人，她不再管我的学习，就算我在课堂上得到了老师的表扬，她也不会像以前那样趁老师不注意的时候，悄悄给我做一个点赞的手势。

我们本来就不是同一类人。

我一遍又一遍地告诉自己。

一个星期后，学校公布了临川中学的录取名单。

其中最靠前的名字是林海儿。

年级里再次轰动，关于林海儿主动放弃了名额怎么又会出现在最终名单上的流言传得沸沸扬扬，但没有人知道究竟是为什么。

林海儿收拾好东西离开的那个下午，蝉声聒噪，闷热的风穿过香樟树发出整齐的声音，负责人在校门前催促着林海儿赶紧上车。

那天上午我翘了课，理所当然地被罚在校门口站一个下午。她依旧梳着两条辫子，犹豫了一下还是走到了我的跟前，她欲言又止，像极了那个我为她出气的午后她的模样。

我的脑海里一直盘旋着她说的对我太失望了，年少的我还在气头儿上没办法和她道一声告别。

我听见发动机轰隆隆的声音，那天的阳光太刺眼，不然我怎么会睁不开眼。

一年后，高考轰轰烈烈地碾压过所有人的青春，林海儿发挥超常拿了全市第三，考上了厦门大学。

我妈一脸欣慰地对我说："幸亏你当时拼命推荐她这个好苗子，不然埋没在临山中学不一定能拿到这么好的成绩呢！"

"对了，"我妈突然一脸狐疑地问我，"当时你这臭小子为什么肯冒险帮她？"

我想了很久，故作轻松地说："因为她说我是她最好的朋友啊！"

我比谁都替林海儿高兴，真的。

我想也该说说我的故事了。

高二那年暑假我被林海儿轰走后不死心，隐约觉得她似乎不想让别人知道什么。于是在她离开小渔村回学校报到的时候，我瞒着家里买了去小渔村的车票，还是十多个小时的长途车，心里明白得很，来回得花几天时间肯定耽误开学，但我却毫不在乎。

因为是你，所以我毫无怨言。

我找到了林海儿的家，那是座破旧的小木屋，屋前整整齐齐地晾着咸鱼，海风一吹，那扇笨重的小木门也在吱呀吱呀地响动。我小心翼翼地进屋，生怕稍不留神便弄垮了木头门，一个妇人正坐在小板凳上织网，一只大肥猫趴在她的腿上打盹。

我支支吾吾地说："阿姨你好，我是林海儿班上的班长，来了解一下她的家庭情况。"

阿姨摘掉老花镜，摆手示意我坐下，还端出一堆好吃的，她笑呵呵地说："原来是班长啊，大老远的辛苦了辛苦了！"

那天我不知道听了多少次"班长"，听得我都不好意思了。

从阿姨的口中我得知，林海儿的阿爸是个渔民，一家人在小渔村里定居。阿爸是村里的捕鱼能手，常常满载而归。有一年收成不好，阿爸为了尽力改善家里的条件便常常早出晚归。

一天晚上他坚持要出海打鱼，七岁的海儿哭着抱住他的大腿不让他走，阿爸弯下身子，用粗糙的手指擦了擦她剔透的泪水，哄着她说："海儿不哭，爸爸很快就回来。"海儿一脸着急地说："可我睡觉的时候看不见你会觉得很害怕。"

屋内传来阿爸爽朗的笑声，他指了指天上的月亮说："海儿别怕，还有月亮陪着你呢，它是爸爸最好的朋友，它会哄着你入睡的。"

林海儿的阿爸那次出海后，便再也没有回来过。

林海儿一直接受不了阿爸已不在世上的事实，她疯狂地想离开这儿，能不回家尽量不回家，她奋发图强想要到外地念书，最后放弃了最好的临川中学而选择了临山中学。

因为临山中学是阿爸的母校。

她不介意临山中学的教学条件糟糕，不介意难吃的饭菜，不介意恶劣的宿舍环境，她只愿能固执地守着阿爸的一切。

所以她毅然拒绝了班主任的推荐。

我冒着被处分的风险翻墙回家去求我妈，她是临川中学的办公室主任，我有自知之明，烂泥扶不上墙，但我比谁都明白林海儿值得有更好的未来，她一定有办法能把林海儿送进临川中学。

我明白我们不是一道的人，她有她的鲜衣怒马，有她的璀璨人生，我也有我的快意江湖，有我的浑浑噩噩。

我终于如愿以偿。

那年临山中学还有一个重磅消息，一个本以为只能念专科的小混混竟然考上了2A。

嗯，那个小混混叫徐浩瀚。

是林海儿一遍又一遍地告诉我别放弃，一次又一次把我往正道上拉，我才会认认真真地端起课本，背那些原本我一看就头疼的公式，不厌其烦地请教老师，尝试去做一道道的数学题。

林海儿给我最好的礼物，是让我找到了生命的另一种可能。她就像深海里的曙光，让我有了光芒可以追逐。

让我成了一个更好的自己。

后来我也尝试去小渔村找她，可早已人去屋空。人山人海里，我们终究是擦肩而过。

啤酒罐散落了一地，木头在我面前打了个响指，我才回过神来。我望见暗夜里的海浪不断地拍打海岸，招着手的浪花像极了那个夜晚躲在草丛里可爱的她。

我忽然想起了高二那个盛夏的午后，阳光透过香樟树的叶隙在林海儿身上打下斑驳的光点，她一个人百无聊赖地站在树下小声地哼唱《莉莉安》。

我看到她眼里无限的忧伤，看到了她心里的那片海，一片一望无际的蔚蓝色海洋。就在那一刻，我喜欢上了她。

这世上唯一的莉莉安。

男神路过春花街

忍 冬

春花街没有花,春花街只有天南海北的各种美食,从驴肉火烧到北京烤鸭,从煎饼果子到麻辣烫,从盗版麦当劳到盗版肯德基,无论你有五百元、五十元还是五元钱,你都可以在这条街上吃得很满足。

这也就注定了春花街会成了江菲菲同学上学和放学路上的一个劫数。

"丫丫,你知道吗?我发现自己又胖了十斤!"江菲菲哭丧着她的包子脸对我说,"米娅,我告诉你,如果我再去买东西吃,你就紧紧地抱住我,无论我怎么挣扎,你都千万、千万不能撒手!"

作为江菲菲的骨灰级闺密,深知任重而道远的我郑重地点了点头。

然而我和江菲菲还真是低估了一个吃货的爆发力。

于是乎,每天春花街都会出现一个女子,她蓬头垢面,她目光凄楚,她视死如归,她用尽全力地试图拦住另一个蓬头垢面,却目光炙热、满嘴哈喇子的女神经病。

而结果却总是我哭丧着脸一边揉着发酸的肱二头肌一边看着江菲菲狼吞虎咽地吃麻辣鸡翅、冰淇淋、糖葫芦和羊肉串。最让我欲哭无泪的是,每当她吃完后,还会一脸愤怒地质问我:"为什么没有拦住我?!"

我:"……"

就在我的忍耐快要达到极限的时候，事情出现了转机。

那天和往常一样，我蓬头垢面、目光凄楚地看着她左手烤鸡翅右手炸鸡腿吃得不亦乐乎，突然，我的眼睛瞥到一个黑色的身影。

"咳咳，嗯——"我发出只有我和江菲菲能懂的暗号，然后悄悄地用大拇指指向了那个方向。

江菲菲的反应速度几乎堪比光速，她将手中的东西全扔给了一只尾随我们的饿得两眼冒绿光的小黄狗，然后擦干净了满嘴的油，紧了紧裤腰带，拨好了刘海儿，露出一个优雅的、恬静的微笑。全过程如行云流水般迅速不拖泥带水，把小黄狗都惊呆了。

那么，这究竟是为什么呢？

因为那个黑色的身影就是江菲菲的男神，她的信仰，她的太阳，她的呼吸（这句话摘自她的日记）。虽然连男神叫啥都不知道，但是为了给男神留下一个好印象，无论何时何地，只要我发出这种类似喉咙里卡了鱼刺的声音，江菲菲就会立马从女神经变成女神，哦，当然，是从气质上。

奇怪的是男神原本是走的另一个方向，不知道为什么最近却一直从春花街走了。

那也就代表着春花街的鸡腿、鸡翅、羊肉串都要跟江菲菲同学说再见了。

可怕的是，她居然坚持了下来。

哪怕，我已经听到她的肚子在疯狂地叫咕咕，哪怕她的口水就要溢出那优雅恬静的笑容，她也硬是咬着牙，装作气定神闲的样子，偷窥她的男神。其目光之炙热足以令方圆百里之内人迹罕至、鸡鸣狗吠，男神估计是穿的防弹衣才会一点儿感觉都没有。

更可怕的是，江菲菲同学为了多看男神几眼，每天足足早起了一小时，用半小时把自己拾掇得像个人，然后在熹微的晨光与和煦的春风中迈着小碎步与男神一起走过春花街，走过开满桃花的小路，走过一家阿迪达斯的专卖店，到达学校。

你问我那江菲菲剩下二十分钟干啥？呵呵，那个呀，因为我是不赖床会死星人嘛，而她又是我的骨灰级闺密，所以她剩下的二十分钟当然是飞奔回来拯救我的喽。

"米娅，你跑快一点儿啊！快迟到啦！"

"我，我，跑得够快了呀！你，你，慢点儿，慢点儿！"我在后面跑得上气不接下气的，而江菲菲却脸不红心不跳地，连大气都没喘一口。

她跑起来也是很轻快的样子，要知道她原来跑步可是从来没及格过啊！哦——她已经两个月没有吃零食了，再加上每天这样跑来跑去的，原本圆润的身躯漏气般瘦了下来，腿细了一圈，下巴也有了略显精致的轮廓。

这究竟是神的力量还是生活中的蝴蝶效应呢？

我不知道。

我只知道，再往后的日子里男神就不从春花街走了。也许当初他路过这里是因为他想晚点儿回家，也许是因为他要在亲戚家住段时间，也许是因为他也想偷偷看看自己喜欢的女孩子。

但那都不重要啊。

重要的是，江菲菲同学终于不用在吃与不吃之间纠结得那么辛苦，脸上的痘痘越来越少，不会再随便熬夜，百米跑可以得满分，每天都带着欢喜和期待睁开眼睛。

也不枉男神路过春花街。

约等于女神

椿 萧

上个月我在微信里看到一个帖子，兴冲冲地分享给了江小寒。帖子名叫作《成为一个女神，到底要花多少钱》。

没错，江小寒就是我心目中女神的标杆。这样说并不是因为她细腰长腿颜如玉，而是她坦荡无畏又聪慧能干。

"对方正在输入"持续了两分钟后，江小寒终于回复我说："朕前两天被人嫌弃了。"

我惊呆，我女神居然有人敢嫌弃。于是我一段语音发过去，大义凛然地问："是谁？我注册个小号找他理论去。"

在江小寒断断续续的叙述中我才知道，她前段时间看上一个男生，而对方在接受她的示好之后并没有任何表示，她偶然从一个朋友口中听说，他嫌弃她长得不够好看。

我晕！这个看脸的时代，有时候拿出成绩和努力，都比不上萌妹子撒个娇好使。我发了个愤怒的表情，并表示小的随时听候召唤，等月黑风高一举灭了他。

江小寒借口贴面膜匿了。

我刷了满屏的长草颜剁肉的表情，试图把沉积的不满统统发泄出来。

我们这些丑姑娘的一生，究竟要多努力，才能被人提起时只论成绩和战果，而不会单单因为不好看而被轻易否决。

江小寒是我非常喜欢的那种能把日子过得热气腾腾的人。当年她曾以全市最高分考入名校，选择了自己喜欢的专业，每年能拿到大把的奖学金，大二以优异成绩做交换生出国学习，竟然拿到当地有名公司的实习通知。拿驾照第二天就敢开车几个小时去看雪。我一直说她"文能提笔写论文，武能上马揽河山"，这样棒棒的女孩子，居然因为不够好看而被人拒绝，简直就是个冷笑话。

其实说起来，江小寒比前几年好看了很多。我也一样，那个被人用烂了的"美女"两字也终于轮到用来称呼我了。

我认识江小寒的时候，还是个只知道埋头做题的丑姑娘，而她是大我两岁成绩年年第一的丑姑娘。我们都是那种打着省事儿的旗号，不会绑头发又觉得头发散开像长疯了的草，于是只能把头发梳成马尾，再盘成一个小包子头的呆傻模样的女生。

通常，这样利落简洁的打扮如果碰上一张秀气的脸勉强也能看入眼，偏偏那些年我的脸圆又黑，性格木讷少言，导致班里的女生都很嫌弃我。男生为了拉拢我的美女前桌一度以嘲笑、黑我为手段，来博她的欢心。为此我跳起来跟人打架，他们说我丑居然还敢先动手；我躲在操场偷偷地哭，被女生看到，她们说我不好好学习居然还有资格哭。总而言之，丑黑胖在我们当时那小小的年纪看来，都是十恶不赦的罪，而长得丑黑胖除了想方设法减少自己的存在感之外，似乎做什么都是错的。这个认知一度让我想退学。

江小寒就是在我最无助的时候出现的。她在班级属于"成绩最好虽然不好看但是不能招惹"的行列里，而我只是考试时体现班级人数的路人甲之一。我们在图书馆第一次见面的时候，是因为我们想看同一本书。我先拿到，而她说有急用需要先阅读的时候，我怒了，长得好看有人护着就算了，跟我差不多的居然也敢欺负我。于是我抢过书气冲冲地走了，江小寒亦步亦趋地跟了我一路，包子脸上挤满了讨好，于是我在她应许的一顿麻辣烫前妥协。

江小寒心满意足地拿到书，可能出于顺口，她夸了我一句性格可爱。

或许我这样说有些难以理解，这算哪门子夸奖。可是对于当时在黑暗里生活了十多年的我来说，真的特别特别希望有人告诉我，你没有她们所说的那样糟糕，你也有优点，比如努力、比如可爱之类的都好。

一顿麻辣烫后，我和江小寒正式成为了朋友，虽然很大一部分原因是我们都不好看。

但是我终于有了可以聊天的对象。江小寒说她怀疑我穿的衣服是我老妈当年剩下的，我嘲笑她腿短就不要穿长外套，于是我们两个根本谈不上有审美的人相约去逛街，想起来真是一场灾难。好在长达几百次的失败经验以后，终于积累了一些此生绝对不可穿的样式总结。

值得窃喜的是，我小小的衣柜里终于有了花裙子，蓝色的、浅紫的，安静而美好，但是我依旧不敢穿出去。我一次又一次地拿出来，在镜子前比画试穿，然后叠好，再妥帖地放到衣柜里。怎么说呢，没有能够与它们相匹配的外表，穿着怕被人嘲笑，像怀揣着遥远的梦想，能力不足的时候，也只能一遍一遍在心里描摹，小心翼翼又满心欢喜。

江小寒倒是时常穿着各种花色的裙子在我面前招摇，走路时虎虎生风，婉约的过膝裙，硬生生地穿出一种威武雄壮的感觉。她嗤笑我的小短裤，我回应她的小腿粗，于是她一气之下给自己定下每天五公里的晨跑目标，为了讨好她，以及听说跑步能长高，我刻意每天早起一个小时和她一块儿跑。为此，早读课我时常在睡梦中度过。果然，学霸和学渣的差距，不止分数上多出来的一个零。

月考我又拖后腿这件事儿被江小寒知道，我非常羞愧地揪住了我的衣角搓啊搓，奈何对提高智商并没有什么用。江小寒久居学霸之位，自然不懂我这种埋头苦读依旧会拉低班级平均分的学渣的痛。而学霸对我们这种学渣而言，除了大脑构造不同，本身就自带光环。于是我用毕生的智慧做了一个英明的决定，我很狗腿脸地笑着跑去买了一杯椰果奶茶，递给江小寒的时候发誓说，如果她帮我辅导功课，下次月考多出几个十分，我就请她喝几杯奶茶，口味随便她挑。江小寒看在奶茶的面子上爽快地答应了。

我规律的生活就此开始。每天早晨六点二十，我和江小寒绕着操场跑圈，往往我气喘吁吁累成狗的时候，早已跑完圈数的江小寒气定神闲地靠着树背单词，我拿出书预习新内容，试图在她的讲解下，在课堂上不那么雾里看花。

早读课照旧会默默地困一会儿，放学后，我会带着功课和江小寒一起去图书馆，各自做作业看书。就在我这样努力了两个月后，积蓄的零用钱兑换成一杯杯奶茶，已所剩无几。暑假的时候，我用勉强及格，但是上升了一大截的成绩敲诈了老妈一笔银子，所以江学霸怂恿我暑期兼职的时候，我默默念着会晒黑又热，于是睡过了一整个夏天。

开学的前两天，黑瘦了许多的江小寒忽然送礼物给我。我忧伤地揣着每逢假期胖五斤的肉，得知她居然用兼职的银子去了一趟厦门。

学霸果然是这世界上最具正能量的人物。只要江小寒在，我也能量满满。于是跑圈、看书、做题的日子继续，仿佛暑假只是我奔往学霸途中开的小差。

新学期，好的成绩终于让我有了一点儿存在感。但是，自从我因一个难题在课后咬烂笔头，班长兼班草大人热心地从天而降帮我讲解之后，我好不易攒起来的存在感又化为虚有，甚至一度成了美女前桌拥护党的仇敌。她们对我胖丑笨的评价改为"学习好有什么用，奈何丑"的新定义。

我跟江小寒哭诉的时候，她仿佛很有见地地上下打量我的模样，最终得出结论："确实活得太糙了。"

于是我们为了研究如何变漂亮，开始查阅大量的典籍，比如吃什么食物美白，穿衣搭配终极指南，女生长得难看怎么办，等等。为了变瘦，我跑圈从每天五公里加量到八公里，晚饭只喝一碗稀粥，半夜饿到想哭，第二天一早在江小寒的呼唤中继续跑。怕被晒黑，只能在近四十度的高温里照旧长衣长裤，在同学异样的眼光中抱着书走过。现在回想起来那段日子，觉得自己好笑又励志，每每想起都觉得这世间的难事，大抵都是横在腰上的游泳圈，没有减不下去的肥，只有下不了的决心。

念书，学习，甚至是梦想，或者其他任何事情都是一样。后来的很多日子里，我听到过很多很多的夸奖，长得好看，气质好，聪慧，都不抵当年那一句性格可爱。我收获了多少称赞，就有多感激能遇到江小寒。

我现在用的手机，依旧存着两张年代久远的照片。一张是江小寒买第一支手机时我俩的合影，两个黑黑的小胖子，笑得只看得到牙，还有一张是我成功减肥到九十斤时的照片，虽然略丑，也算是亭亭玉立。

江小寒在大学里用奖学金和兼职的银子走遍了大好河山，遇到了一大堆好玩儿的人和事。那个最初因为她不够好看而嫌弃她的男孩子，回过头居然发现她自信满满地做事时越来越耐看，从而甘心在寒冬时节的清晨为她递上一杯温热的奶茶。而我依旧保持着不论冬夏涂防晒霜，夏天长裙衬衫和每天一杯牛奶的习惯，毕竟那些"喜欢你的人不会只在乎你的美丑，美人终也会迟暮"都是在扯淡，多的是看相貌才会继续留下来看你内在的男孩子。

所以，你眼前的那些难题，可能都不是什么问题。熬过黎明前的黑夜，才会看到日出时的璀璨。

小仙女的春天

第二

我从来没有觉得自己胖！

好吧，可能过年后……是圆润了一点儿。

可那不应该吗？你过个年不长个一二三四五六七斤，对得起那些为你死去的鸡鸭鱼牛羊吗？而且只是重了一点点而已！一点点！我这么大个人，没准儿脂肪也通了高速一言不合就顺着我的七经八脉均分到身体各个部位什么的，那就应该看不出来了吧！

反正我没胖！绝对没有！

我一边说着一边默默地脱掉了自己的厚棉裤。

一条稍微紧了一点点的裤子会打击到我吗？不！我可是个超凡脱俗、百折不挠、泰山崩于前而色不变、麋鹿兴于左且犹自自欺欺人……咳咳……的小仙女！

直到那一天，我出门打水。当我裹着厚重的棉衣提着一个水壶笨拙地爬楼梯时，从下一层突然拐上来一个人。

先是看起来很柔软的小卷毛，然后是大大的黑框眼镜几乎遮住了整张脸。

我们这层什么时候住了个小帅哥？

一直玩儿手机的他恰巧抬头，巴掌大的小脸完全露了出来，冲我粲然一笑："嗨！"

妈呀！这不是我们隔壁的小胖子吗？怎么，怎么，怎么过个年就脱胎换骨了？

我下意识回了个笑脸，却一不小心用力过猛，我似乎看见了自己脸上的两坨肉。

前小胖子，今小帅哥带着一脸惊恐飘了过去。

我瞬间矮了一截，恨不得立马缩成一个球，然后抱紧我的水壶，滚过去。

今年的我有点儿反常。

过去从来不穿裙子的我今年像是中了毒，突然喜欢上了那些仙仙的小裙子。赶着过节大减价，我一口气下单了好几条小裙子。左盼右盼，望眼欲穿。春天终于在凛冽的寒风中露了个苗头。窗外的大风尚在肆无忌惮地给路人变发型，我已经迫不及待地翻出了我的小裙子，一条条往身上比画。

室友见状翻了个白眼。

"胖十斤裙子还能穿吗？"

"……求不揭穿！"

我丧气地坐在椅子上玩儿手机，左手手腕突然传来一阵麻麻的震动感。

天哪，我的手环戴了一年多了，我才发现原来来电话时它会震动！

所以你为什么才发现？

大概因为已经一年没有人给我打电话了吧。

那你现在怎么又发现了？

因为我已经无聊到，为了听听自己的手机铃声，用自己的一个手机号打给自己的另一个手机号了……

室友恨铁不成钢，掐着我的脖子可劲儿摇。"醒醒吧妖孽，你已经顺利地从一个死宅进化成一个肥宅了，再不出门走走你要发霉长毛了！"

"好。"

街上，我趁着室友一个不注意，迅速挣脱了她的手，一头扎进冰淇淋店。好不容易逛个街，不吃够本怎么可以。

"请给我一个蓝莓圣代。"

"好的，一个水蜜桃圣代。"

我：这两个词很像吗？

还没等我想明白，室友阴森森的声音从背后传来："常——夏！"

当晚，我的个性签名改成了这个样子：常夏，你要记住，你是仙女，你是要喝露水的，你不能再吃了。

不是每个人都有遇见爱情的好运

左 夏

你小时候以为的爱情是《流星花园》和《还珠格格》，小燕子和五阿哥，杉菜和道明寺。坚信自己长大以后就会出落得楚楚动人，遇见命中注定的缘分，芸芸众生，天作之合。

但事实好像不是这样。什么十六岁的花季、十七岁的雨季，对你来说都没有区别，你还是一如既往的貌不惊人，不合身的校服，啤酒瓶底一样厚的高度近视眼镜，枯黄无光泽的头发，偶尔冒几颗红色痘痘的大圆脸。《五年高考三年模拟》，日复一日地刷题考试。

长得好看的女孩子会和男生嬉戏玩闹，她们大多瘦瘦高高，白皙的皮肤好像是涂了什么东西，在你看小说想象着男主琥珀色的眼睛如同一汪碧波的时候，她们早就交了男朋友，同样是好看的少年，兴许其中还有你曾偷偷收藏过他掉在地上的演算本的那个男生。

这些早恋的人会在课上偷偷传情书，下课跑去学校后山拉拉小手，偶尔一起翻墙逃课，生活过得跟你手中捧着的言情小说一样。

而你，两点一线的生活好像一潭死水，扬不起半点儿残存的水波。同桌是个爱问老师问题，每次考试成绩一下来就各种统计，一分一分算着自己跟别人的差距在哪儿的女生，正经而无趣。

你也曾有过很多浪漫的幻想，期待自己变漂亮，期待乏味死板的生活能够有所改变，最好也有爱情的发生，遇见一个眉眼干净的少年。

然而。上课铃响了又停，黑板擦了又写，值日表轮了一遍又一遍，转眼高考，毕业照"咔嚓"一声，就这样定格了你自卑苦闷的青春。

现在的你照着镜子，好像也并不是那么差劲，头发比以前柔顺了很多，特意挑的香氛沐浴露还是挺有用的，身上有一股很舒服的香气。脸上不会再长青春痘，上大学以后也不用再穿着肥大的校服。

无论如何，现在的自己总归是不难看的。但很奇怪，还是没有任何发生爱情的可能性。有过两三个很要好的闺密，但是她们脱单了以后，你又得恢复一个人吃饭、上课、跑操场的日子。偶尔觉得一个人挺自由、挺开心，偶尔伤春悲秋觉得没人陪着太孤独。

反反复复。

其实这时候已经有人追你了，说是追，也并没有很浪漫的桥段，不过偶尔约出来吃饭、看电影，没事儿就在微信上问你在不在。不是才华横溢的男生，也不是温润如玉的少年。平凡普通缺乏情趣，并没有能令你动心的地方。

想到要面对一张自己并不中意的脸吵架、温存、鸡毛蒜皮，想到余生漫漫都是这个人陪在自己身边……还是算了。就这样拒绝了少有的一两个追求者。

但是，孤独感还是如影随形。

通讯列表从头刷到尾，不知道该联系谁。好像日子慢慢就变成了自己一个人在过。

你努力让自己忙乱起来，有事可做，但内心的感情还是找不到可以寄托的点，你小心翼翼地收着，生怕一不小心散了。毕竟，要把最好的感情留给那个真正正确的人。

但谁是那个正确的人呢？山川河流，森林湖泊，也许拐过千山万水，这个人就会出现在你面前，也或许，他也正在寻你的路上跋涉。当然，这只是鸡汤文告诉你的。你深以为然，因为不然，你也不知道应该怎么办。

你不是不期待爱情，但是爱情不是等你优秀了、漂亮了就能拥有，喜欢只是一种感觉，动心也属偶然，并没有公式可以推算。就像损友说的，这世上，并不是每个人，都有遇见爱情的运气。

　　是的，运气。

我亲爱的小静老师

zzy 阿狸

  初一开学的第一堂课，小静老师抱着厚厚的教案，拿起粉笔在黑板上一笔一画地写下了自己的名字，不断地深呼吸调整状态。

  她闹过一个笑话。有一堂自习课，聪哥向她请教一道数学题，她想了大半天后忽然起身跑开了，后来才知道她回去级组室查答案。每当我们犯困的时候，她会放下课本，和我们分享她的大学生活。她说她很爱往图书馆跑，那里有一面巨大的落地窗，她就坐在那儿看书，把她的少女心事藏在里面。念大一的时候，偶然的机会好友带我逛了一遍深圳大学，却因时间匆匆没有前往图书馆。后来好友出国，便再也没有去深大的机会，也就没有机会去贴近那一扇落地窗，在书里去窥探那些她未曾来得及做完的梦。

  她做过一件很酷的事。某个周五的晚上她去查寝，偌大的宿舍里只剩下一个男生。在她的逼问下，男生不得不"出卖队友"。她骑着摩托车在各个网吧搜索，与此同时，十个男生正在游戏里肆意厮杀。一盘游戏还没结束，他们全被揪了出来。

  十二月深夜的街头，昏暗的灯光在地上打出一圈又一圈的寒意。十个男孩儿垂头丧气地站在街头，冷得直跺脚。他们提心吊胆，生怕小静老师拿起手机拨通德育处主任的电话。她最后还是打了个电话，但对象是她的丈夫。肚子咕咕叫，小静老师自掏腰包请他们吃夜宵，最后还让她的丈夫开着面包车把打着饱嗝的他们送回宿舍。

直至毕业,她也没有举报这一群不安分的学生。那时候我不理解她的做法,换作别的班主任,怕是早已在一旁幸灾乐祸。现在想想那时候的她一半愤怒一半不忍,她明白作为一个班主任应该怎样做,但是刚毕业的她不舍得这样做。她关心学生的一颗心高高地悬着,找不到一个合适的落点。

现在偶尔会在空间看到小静老师的动态。她有了一个可爱的女儿,兼顾家庭和事业的同时,还努力考上了研究生。以前总觉得一个教师的未来是定数,但在小静老师身上我发现并不是这样。你想要过怎样的生活,拥有多少荣光,完全取决于你,而不是你的职业。

时光拨回2009年的那个夏天,第一次站在讲台上的她,微微欠身,说:"第一次当老师,请同学们多多指教!"

在叛逆不安的年纪里,我们学习怎样成为好学生,而你也在学习如何当一名合格的教师。三年的时间太短,遗憾我们都来不及变成对方期待的样子。

但我想说,在我心里,你一直都是一位好老师。

最好的年纪遇到你

苏 意

食堂　争吵

我和吴嘉安爆发了有史以来最恶劣的一次争吵。

在弥漫着饭香和耳语的三食堂里，吴嘉安端着饭菜坐在我对面，手里紧紧抓着吃饭用的勺子，观察了一会儿我的表情，然后笑嘻嘻地问我："何思迎，你今天心情怎么样？"

我满足地往嘴里塞了口排骨，也扬起了一个大大的笑脸："Very very good！我今天解决了一张超难的卷子，我觉得，照这样下去，明年高考……"

"我和杨绿表白了。"吴嘉安忽然打断我。

我嘴里还嚼着食物，闻言一愣，皱着眉头追问："你说什么？"

吴嘉安似乎早已做好了心理准备，叹了口气，轻轻地重复了一遍。我看着他，那双明亮的眼里盛满了柔软的温柔。

我拼命挤出一个笑容："吴嘉安，今天不是愚人节。"

他静静地看着我，没有说话。

于是我拿起桌上还半热着的排骨汤，泼了他一脸一身。

认识我的人都知道，在一中，我最讨厌的人就是杨绿。

中考，杨绿的成绩比我高了两分，排在我的前面，年级第一。成绩出来时，对我一向严苛的爸爸整整一个月没和我说话。开学，杨绿是新生代表，穿了条棉布裙子，头发扎起来，娉婷地站在礼堂上，婉约的笑，虏获了大批羡慕嫉妒的视线。

就连身边的吴嘉安也将手搭在我的肩膀上，漫不经心地说："你天天嚷着气质气质，看看人家，这才是气质！"

从那以后，我便彻底走上了讨厌杨绿的不归路。即便那次以后我再也没有考过比她差的成绩，可我仍然讨厌她，讨厌到什么程度呢？觉得她连呼吸都是错。

吴嘉安曾经笑语："她上辈子欠你债啊？"

现在他无比认真地告诉我，他和杨绿表白了！

从食堂跑出来，灿烂的阳光洒了一地。我无比戏剧性地撞上了杨绿，她手里抱着书，肩上披着长长的头发，穿柔软的T恤宽大的牛仔裤，有着一副谁都不会讨厌的面孔。

她站在我的面前，眼睛亮亮的，充满了狡黠，她抬了抬下巴："嗨，思迎。"

我看着她的脸，换做以前，我一定会不顾一切地说出各种鄙夷讽刺的话，吴嘉安说我的嘴毒，这话是没错的。可是现在，我看着她漂亮的脸，不仅一句话都说不出，还忽然很想哭。

然后我就真的哭了。

教室　初识

"何思迎。"

吴嘉安拉开我前桌的椅子，坐下，无比认真地看着我。"我们来谈谈人生。"

我瞥了他一眼，没有跑，面无表情地整理着各科的试卷和辅导书。继上次在杨绿面前大哭一场把人家姑娘吓了一跳之后，我已经连续三天躲着吴嘉安了。这次他倒学乖了,逮着晚自习放学的时间跑我教室堵我。

我在心里默默地想,如果他敢提杨绿,我就拿手里的书砸死他。

"何思迎,我非常想问一下你到底是哪里来的勇气。"吴嘉安背靠着桌子,双手环抱着,一副准备审问的架势。

我捏紧了手里的书,一愣。

他指了指自己红红的下巴,口水喷了出来:"你还真下得了手,你知不知道多疼啊?都起泡了,现在还没好!"

见我没反应,吴嘉安眯着眼继续叫嚷:"你扪心自问,如果你是别人,你愿意和这么粗暴的自己做朋友吗?"

我一个没忍住,脱口而出:"想都不敢想,哪有这种福气。"

吴嘉安不疼了,咧开嘴笑得要死要活。末了一脸感慨地凑过来:"何思迎,你前几天吓死我了,我还以为你被人欺负了呢,可是想一想,不能啊,谁敢欺负你啊?"

我努着嘴,上一秒"没错就是这样"地听着,下一秒脑子一转,不对啊,你拐着弯骂我呢!

吴嘉安笑得更欢了:"你不生气就好了。"

我近距离端详着他的脸,白玉般的脸庞,头发乱乱的,睫毛尤其长,黑曜石般的眼睛里有着我的倒影,光芒闪烁。

他是许多女生暗地里偷偷喜欢着的男孩子,站在讲台上解题,背对同学随意那么一站,手里拿着粉笔,书生意气,挥斥方遒。

可是就是这样的吴嘉安,他坐在我面前,像个小孩子,小心翼翼地看着我,怕我生气。

"我哪敢啊?"我佯装不屑,从桌肚里拿出书包,站起身。其实我知道,如果他不先来找我的话,我到最后也还是会服软的。

"何思迎,你干吗跟杨绿这么过不去啊?"吴嘉安和我并肩而立,一起向前走着。

我停下脚步,抬头认真地想了想:"大概是天生的吧,我一看到她说话做事的样子,我就想问问她是神经有问题还是'姨妈'有问题。"

吴嘉安无奈地笑。

"再想到她以后会和你有那么亲密的关系,就觉得浑身不舒服。"

对,重要的是和你。不是和别人,不是和甲乙,不是和丙丁,而是和你,对我来说那么重要的你。

有时候我也会回想,我到底是怎么和吴嘉安熟起来的。

这个过程我倒是忘了,记忆最深的是那一年初三开学,他是转校生,我们在同一个班级,他坐在我的后桌。那时候他还没有现在这么潇洒好看,短短的头发,没有特点的脸,一米六几的身高,像只小虾米,很不起眼。

直到有一天,数学单元检测,老师犯懒,一挥手让前后桌相互改卷子。我拿着吴嘉安的卷子,惊异于他的正确率,就在我努力地想在他整洁的卷子上找出错误时,吴嘉安忽然用笔捅了捅我的后背,声音很轻:"这道题你做错了。"

我一愣,接过卷子认认真真检查了一遍,没好气地瞪着他:"哪里错了?"

吴嘉安毫不畏惧我的气势,拿起笔给我解释那道题的解法,然后在草稿本上快速写着过程,一边讲一边拿给我看。"那种办法太麻烦了,也很容易做错,你看,其实这才是这道题的最优解。"

我狐疑地看着草稿本上的解法,他的字很有笔锋,每一个数字都力透纸背,慢慢地,我开始被他的逻辑带着走,最后不可思议地看着他。"你好厉害。"

吴嘉安放下笔,漆黑的眼里全是自信。

好感大概就是那个时候慢慢堆积起来的。

我们就这样熟络起来,一拍即合的想法,随意一句话引起的强烈共鸣,都让我们觉得相见恨晚。

后来，初中毕业，我们用差不多的成绩考进了同一所高中。高一开学时，看着对方笑，带着"啊，果然见到你了"的了然。

吴嘉安渐渐在高中生活里崭露头角，于是很多人都不明白，为什么那么好的他愿意听我使唤，在他们看来，我性格孤僻，脾气又臭又硬，身边从没有一个愿意交心的朋友，有时候还很无理取闹。而吴嘉安不一样，他脾气好，乐天健谈，长得也好，和我完全是不一样的人。

他就像一道阳光，照进了我平淡无波的人生。

他 她

纵然我再怎么不愿意，杨绿最后还是答应了吴嘉安的表白。

其实刚开始，吴嘉安作为我的最佳死党，也是和我一起同仇敌忾地讨厌杨绿的。高一时他们在同一个班，吴嘉安因为我的缘故没少给杨绿使绊子，导致杨绿一见到我俩就吹胡子瞪眼。所以我怎么也不会想到，他使着使着坏居然喜欢上人家了。

我至今还记得那个黄昏，我和吴嘉安骑着自行车回家，夕阳将我们的影子拉得很长。吴嘉安手里拿着不知道从哪里摘的狗尾巴草，指了指前面穿着校服在人群中最显眼的杨绿，对我笑着说："何思迎，杨绿其实很漂亮对不对？"

我怔住，恶狠狠地瞪着他，有股不好的预感从心底慢慢升起。

他的笑容没有任何收敛，轻轻的话语在瑰丽的黄昏里好似一声叹息："思迎啊，我不想再讨厌杨绿了。"

而今同样是黄昏，我坐在篮球馆的看台上，曲起的膝盖上放着一本摊开的书，不远处的杨绿手里拿着一瓶矿泉水，冲吴嘉安轻轻摆了摆手，而正在打篮球的吴嘉安一把将篮球扔掉，雀跃地小跑了几步，然后忽然停下，望向我坐着的位置。

我沉默了三秒，低下头，假装在看书，不做回应。

我知道吴嘉安的心还是向着我的，他在询问我，我却无法承受他望着我时灼灼而期盼的眼神。

心里的钝痛一下一下的，我模糊着视线抬起头，眼前的一幕让我哑然失色。

挺拔的吴嘉安站在面色绯红、无比美好的杨绿面前，接过她手里的矿泉水，笑得不知道有多傻，炫目的夕阳透过大面的落地窗闯进来，给他们本就美好的剪影染上了淡淡的金色。

我就是在那一刻恍然意识到，灰突突的我在他们的面前，只是个充当背景的配角，啊，不对，是路人甲。

也就是在那一刻，我才终于理解了有人说的，黄昏比夜晚孤独。冰冷的寒意，一点点渗入四肢百骸，我强忍住掉泪的冲动。

两人行变成了三人行，我和吴嘉安的所有时间，无论干什么，都开始有了一个杨绿插在中间。

诚然，在吴嘉安的眼里，杨绿绝对是一个无可指摘的女孩子，她会大方推荐给我哪条街上有最好喝的奶茶店，在繁忙得透不过气的高三，教我们弹钢琴放松神经，在吴嘉安陷入两难究竟是先送我还是先送她回家时说一句"先送思迎吧"……

然而这些落在我眼里，完全就是想要在吴嘉安面前刷好感度的表现，浓烈的排斥和厌恶感愈发强烈，可是我都忍了。

忍无可忍，从头再忍。

所幸寒假很快就到来了，为期十天的小短假对于做题做得快发疯的高三狗来说无疑是种解脱。

有相熟的同学组织了一场小聚，在KTV里。

我到达时，吴嘉安和杨绿已经坐在了沙发里，低声在说着什么，吴嘉安宠溺地看着她，两个人都在笑。我推开门的手僵着，嘴角的笑意也变得牵强难看。

我走过去，硬生生地往他们两个中间一屁股坐了下去，假装没有看见吴嘉安眼里的错愕。周围的气氛一下子就变了，旁观的同学干笑着："何思迎，你不懂事啊。"

我瞥了一眼旁边的杨绿，她的脸色很不好看，却让我觉得罪恶又得意，我幽幽地说："谁不懂事？卧榻之侧岂容他人鼾睡。"

有人窃笑，吹了声口哨，有人很快地转移了话题，包厢里的气氛又热闹了起来。吴嘉安坐在我身边没有动过，我壮着胆子，碰了碰他的手，冰凉僵硬。他是不想让我在这么多人面前丢面子，我知道，我还知道我这样做让他很不开心，也很过分。

可是怎么办啊，吴嘉安，我要怎么容忍你对别人笑得这么开心，这么宠溺？

冷风　分别

"何思迎，你要不要吃烤串？"

聚会结束，吴嘉安破天荒地没有纠结，很果断地让一个和杨绿顺路的女孩子送杨绿回家，然后走到我身边，垂眸，语气冰冷："走吧。"

我默默地跟在吴嘉安的身后，耷拉着头，我知道，这是要开始进行思想教育了。

可是一路无话。只有路边的路灯洒下的清冷的光辉，以及寒冷的冬风在夜晚"呼呼"地刮。吴嘉安两手插兜，忽然停下脚步，问："何思迎，你要不要吃烤串？"

我终于抬起了头，顺着他的目光看过去，果然看见一个大叔站在路边，摊子上放着许多冒着热气的烤串，大叔站在原地不停地跺脚搓手。

那天晚上我和吴嘉安用光了身上所有的钱，买了大叔所有的烤串，然后坐在我家顶楼的天台上，看着天上寥寥无几的星辰，杂七杂八地聊着从前的一些事，有一句没一句的。

我和吴嘉安仿佛有着天然的磁场，每次吵完架不过一天必然和好，上一秒还红着脸争吵，下一秒就可以好到分不开。

最后吴嘉安侧头看着我，声音很轻："何思迎，你不会怪我喜欢杨绿的，对不对？"

这话问得极其坦诚而直接，没给我任何逃避的机会，我愣在原地僵了很久，觉得好像置身于荒原，迎面而来的风就是一把把刀子，在我脸上割着，在我心里割着。

我转过头去，风将我的头发吹得凌乱，脑袋里乱得如同糨糊。

我不知道该怎么回答。吴嘉安看着我的眼神愈发迫切，我眯着眼睛，一字一句："我会，我会怪你的，吴嘉安。可是想一想，那又怎么样呢？你那么喜欢她，而你是我最好的朋友。"

我也不知道我说这些没头没脑的话时有没有哽咽，只知道吴嘉安的眼神愈发柔和。所以我这么说，他是不是放心了呢？

那天晚上回到家，我缩在被子里，狠狠地大哭了一场，眼泪鼻涕糊了满脸。之后我大病了一场，高烧不退，在医院里连打了一个星期的点滴，延迟了返校报到的日期。

大概是我的状态实在不对，连一向对我声色俱厉的爸爸都没有多说什么。

庆幸的是我也没让他失望，返校以后我就像是被上了发条，全心全意地投入到学习里，一天做无数张卷子，本就很不错的成绩突飞猛进得让一众同学瞠目结舌。

吴嘉安说我生了一场病成魔了。我笑笑，没有反驳。他不知道的是，我并不是因为生病而成的魔。

我觉得自己很没骨气，就算吴嘉安已经与我渐行渐远，我也还是站在原地凝望着他的背影不肯离去。他不开心了，我照旧安慰；他需要帮助，我尽我所能。

只是我知道，我们的关系在那天之后便有了裂缝，他有时会回避我，我也识相地自己走远。

我们的关系，不似当初。

我们安静地疏远，终于在六月份的高考里做了真正的告别。

我超常发挥，将志愿一股脑儿全填了离家千万里的北方，只因杨绿告诉我，吴嘉安为了和她在一起，将志愿全填在了南方的一座城市。

志愿填好以后，吴嘉安没有再找过我，我也慢慢地将他的所有联系方式一个一个删除干净。

从此一南一北，不相往来，干净洒脱。

我只是陪他成长的女子

北方的世界很大，我在那里见识到了很多从前从没见过的东西，开阔了视野，也慢慢改掉了身上的乖戾，整个人变得明媚活泼。对于从前的偏执再审视，只有淡淡的无奈。

也有身在南方的同学不时传来吴嘉安的消息，年少时的爱恋总是不那么坚牢，短暂的甜蜜过后，便是无止境的争吵和拉扯，最后一点儿留恋告罄，还是不欢而散。

吴嘉安给我打过一次电话的。他似乎是喝醉了，口齿不清地反复喊我的名字，我没有说话，抱着电话在这头静静地泪如雨下。

我忽然想起我们还在念高中时，我去他们教室找他，忽而听到里面有人在谈论我。那群男同学问吴嘉安："你不是和何思迎很要好吗？还认识了那么久，你干吗喜欢杨绿不喜欢她？"

吴嘉安怎么回答的呢？

他顿了很久，才说了一句："何思迎和杨绿是不一样的。"

是呀，不一样的。何思迎只是朋友，非常非常好的朋友。

那通电话以后，我和吴嘉安渐渐恢复了联络。

后来终于有了一个机会，他跟随老师北上开会，和我碰了一面。

许久不见，尴尬的气氛简直要湮没我们。我们对站着无话可说，就那么打量着彼此的变化，觉得时间真是个美容师。

他低头看着我，忽然伸手，拍了拍我的后脑勺儿，用一如既往的熟稔语气说："笨蛋，回神啦。"

我笑了,咧开嘴笑得很欢,纯粹的傻笑,笑得腮帮子都疼了。他也跟着我笑,嘴角的笑意真是耀眼,仿佛这么久的时间,我们从未分别过。

我开始拿这么久以来他所有失意的事打击他,一字一句地数落着,最后感慨着加上一句:"吴嘉安,你真是糟糕透了,还是我比较厉害。"

"是呀,你太厉害了。"他附和道。

我看着他依旧好看的脸庞,眉眼有着深深的疲惫感,漆黑的眼里依旧还有我的倒影,却没了从前耀眼的光芒闪烁。我忽然好怀念那个自信、懵懂的少年。

"吴嘉安,我喜欢过你。"

他居然笑了,半天才说:"这个啊……我猜到过,一直没敢问。"

我怔了片刻,轻笑了。原来你以为你掩藏得无比完美的秘密,其实他一眼就能看出来。

我忽然明白了从前他为什么不问问我为什么要在杨绿面前哭,为什么对于他这个朋友在乎到偏执,因为他全都知道啊。他温柔地一直陪在我身边。

我叹了口气:"吴嘉安,我已经不再那么用力地喜欢你了。"

吴嘉安摸了摸我的头,如同以往:"好可惜。"

"不可惜。"我跳起来反摸他的头,然后嬉笑着跑远。

就好像独木舟写过的,我只是这些年来一直站在你的右侧,与你谈天说地,陪你成长的女子。

这样,似乎也不是那么难以接受。